청소년에게 알려주는
인문학 미래 경쟁력

◇◇◇ **입시 공부하기도 바쁜 청소년이**
인문학을 알아야 하는 이유 ◇◇◇

최효찬 지음

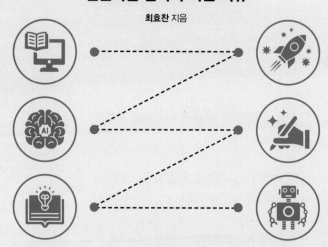

청소년에게 알려주는

인문학 미래
경쟁력

글담출판

목차

인문학은 꿈을 이루고
위대함을 창조하는 '점The dots'이다

철학(스티브 잡스), 응용수학(빌 게이츠), 물리학(일론 머스크), 컴퓨터과학(마크 저커버그), 인지신경과학(데미스 하사비스).

4차 산업혁명 시대를 선도하는 혁신가들에게는 독특한 공통점이 있다. 대학에서 경영학이나 경제학을 전공한 이가 드물고, 대학이나 대학원을 다니다 자퇴하기도 했다는 점이다. 스티브 잡스는 리드칼리지를, 빌 게이츠는 하버드대학교를 다니다가 그만두었다. 일론 머스크는 퀸스대학교를 거쳐 펜실베이니아대학교에 편입해 물리학을 전공했고, 경제학을 복수전공했다. 이어 스탠퍼드대학교 대학원에 합격했지만 자퇴했다. 마크 저커버그는 하버드대학교를 그만두었다.

인공지능 '알파고'를 만든 데미스 하사비스는 대학보다 취업 전선에 먼저 뛰어들었고, 뒤늦게 인지신경과학을 공부했다.

혁신가들의 또 다른 공통점은 일찍부터 '인문학'에 깊이 빠져들었다는 것이다. 스티브 잡스는 철학과 문학에, 빌 게이츠와 일론 머스크는 공상과학 소설에 빠져들었다. 마크 저커버그는 심리학에, 데미스 하사비스는 인지과학에 매료되었다.

그들이 일으킨 혁신은 인문학으로부터 시작되었다고 해도 과언이 아니다. 인문학이란 문학·역사·철학을 바탕으로 인간의 본질에 대해 질문하고, 인간의 사상과 문화, 심리를 이해하는 학문이다. 인문학적 통찰력을 경영에 접목하고 기술과 융합한 결과, 기존에는 없었던 제품과 서비스가 탄생했으며 수많은 이들이 편의를 누리는 스마트 시대가 도래했다.

창업자뿐만 아니라 인문학을 바탕으로 저명한 위치에 우뚝 선 지성인들은 수없이 많다. 학자들은 자신이 연구하는 학문과 인문학을 결합해, 학문의 의미와 가치를 더욱 풍성하게 만들었다. 화성 탐사를 이끈 우주 천문학자 칼 세이건은 자신을 키운 우주적 상상은 인문학에서 나왔다고 강조했다. 그가 쓴 『코스모스』와 『창백한 푸른 점』 등을 살펴보면 인문학의 향기가 가득하다. 칼 세이건은 광대한 우주 속 아주 작은 푸른 점인 지구별을 촬영하고, 광활한 우주 속에서 인간이 얼마나 미미한 존재인지 자각하도록 했다. 천체물리학에서도 인간을 성찰하는 내용을 담아낸 것이다.

『이기적 유전자』, 『만들어진 신』을 쓴 생물학자 리처드 도킨스는 동물행동학에 정통할 뿐만 아니라 고전문학, 시, 사회 현상에 이르기까지 지식의 폭이 넓다. 그는 자신이 쓴 책 『눈먼 시계공』에서도 다양한 비유를 들어 진화론 등을 설명했다. 책 제목에서 '시계공'은 19세기의 신학자 윌리엄 페일리가 창조론을 주장한 논문에서 따온 것이다. 이를 통해 조물주를 시계공에 비유하고, 눈먼 시계공이라고 이름 붙여 창조론을 부정하는 의미를 담아냈다.

러시아의 작가이자 사상가인 레프 톨스토이는 프랑스의 사상가 장 자크 루소가 쓴 『에밀』의 영향을 받았다. 독일의 경제학자 칼 마르크스는 『자본론』을 쓰면서 다양한 고전을 비유하고 인용했는데, 그의 인문학적 표현은 경제를 쉽게 설명하는 데 큰 도움이 되었다.

인류의 지성사를 대표하는 거장들은 왜 인문학에 매료되었을까? 문학은 인간의 삶과 세상을 조명하고, 상상력을 기반으로 꿈과 희망, 가능성을 담아낸다. 역사는 인간이 걸어온 발자취를 그대로 비추어 교훈과 깨달음을 준다. 철학은 삶의 본질과 이치가 무엇인지 끊임없이 고민하며, 인간이 진정으로 나아가야 할 길을 탐구한다. 그렇기에 인문학이란 창조적인 길을 걷고자 하는 인간에게 등대와 같은 역할을 한다.

세계적인 인물들이 인문학을 손에서 놓지 못하는 것은 인문학의 무궁한 가치 때문이다. 특히 각각의 인물들이 어린 시절부터 읽은 인문학 작품들은 먼 훗날 꿈을 실현하는 나침반으로 작용한다. 이는 청소년기에 왜 인문학을 가까이해야 하는지 알려준다.

물론 중학생과 고등학생이 시간을 내어 책을 읽기란 쉬운 일이 아니다. 학교와 학원을 오가고, 과제까지 해야 하고, 눈앞에 다가온 시험을 대비하다 보면 책을 읽을 시간과 마음의 여유가 부족하다. 그렇지만 오늘날과 같은 지식 정보화 사회에서는 부모 세대가 해왔던 것처럼 명문대에 진학하는 것만으로는 미래가 보장되지 않는다. 일명 '자신만의 콘텐츠'를 보유하지 않으면 역량 있는 인재로 대우받기 어렵다.

그렇다면 자신만의 콘텐츠는 어떻게 확보할 수 있을까? 사람의 경험과 인식에는 한계가 있으며, 생각의 폭을 넓히는 공부가 필요하다. 인문학에는 인류 역사 이래 인간의 경험과 인식이 응축되어 있어, 생각을 키우고 상상력을 발휘하는 마중물과 같은 역할을 한다. 인문학을 바탕으로 자신만의 콘텐츠를 만들어나갈 수 있는 것이다.

전문가들은 명문대를 나오더라도 자신만의 꿈과 열정으로 일군 콘텐츠가 없다면 핵심 인재로 성장할 수 없다고 진단한다. 이것이

디지털 시대의 달라진 인재상이다. 이처럼 냉혹한 현실에서 미래 인재들이 이 책을 읽고 인문학으로 자신만의 경쟁력을 갖추길 고대해 본다.

이 책은 1부와 2부로 구성되어 있다. 1부에서는 세상을 뒤흔든 혁신가들이 어떻게 인문학을 가까이했고, 인문학을 바탕으로 어떤 성취를 이루었는지 소개한다. 청소년 독자들도 익히 들어본 유명 인사들은 하나같이 청소년 시절부터 인문학에 꾸준히 관심을 가졌으며, 인문학적 상상력과 통찰력으로 남다른 성과를 냈음을 살펴볼 수 있다.

2부에서는 청소년기에 꼭 읽어야 할 인문 고전 8선을 소개한다. 수많은 작품 중에서도 8개 작품을 손꼽은 것은 이 고전들이 인문학적 사고를 확장하는 데 가장 기본이 되며, 오늘날에도 여전히 유효한 작품이기 때문이다.

'서양 철학은 플라톤의 각주'라는 말이 있듯이 플라톤의 『국가론』은 철학, 특히 정치 철학에서 고전 중의 고전으로 꼽히는 작품이다. 아리스토텔레스의 『니코마코스 윤리학』은 서양 최초의 윤리서다. 홉스의 『리바이어던』과 애덤 스미스의 『국부론』은 국가와 경제의 본질을 파헤친 고전이다. 『그리스 신화』에는 서구 문화의 원형이 담겨 있다. 마키아벨리의 『군주론』은 권력의 냉혹한 속성을 예리하게 분석한 고전이다. 『삼국유사』는 우리 민족의 시원을 기록한 역사서다. 『돈 키호테』는 절망하는 현실에서 투쟁하는 이상주의적 인간상을 구현했다.

"나는 생각한다. 고로 나는 존재한다."라는 유명한 명제가 알려주듯이, 인간의 힘은 사색에서 나온다. 이러한 사색의 힘을 강화하는 방법은 인문학 공부 습관이다. 오늘날 청소년들은 인공지능과 로봇 등의 발달로 미래에 대한 불안감이 그 어떤 세대보다 높다. 이 책을 통해 청소년 여러분이 인문학 공부 습관을 들여 미래에 대한 불안감을 덜고 사색의 힘과 예지력, 영감을 키워 급변하는 디지털 시대의 당당한 주역이 되기를 바란다.

2021년 8월
은평한옥마을 채효당에서

최 효 찬

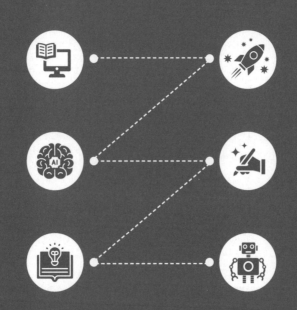

(1부)

창의적인 혁신가를 만든
인문학의 힘

세계적인 업적으로 세상을 흔든 혁신가들은 일찍부터 인문학을 바탕으로
기술과 제품을 만들고 시대와 문화를 한층 발전시켜 왔다. 인문학은 인간의
삶과 세상을 통찰하는 데 도움을 준다. IT, 게임, 디자인 등 다양한 분야와
융합해 창조적인 결과물을 내는 밑거름이 되기도 한다.

애플의 창업자 스티브 잡스는 "애플은 항상 인문학과 기술의 갈림길에서
고민한다."라고 말했다. 이 말은 애플의 혁신적인 기술과 제품은 인문학에
그 비밀이 있다는 선언이나 다름없다. 4차 산업혁명 시대, 과학 기술이 지
향하는 궁극적인 목표는 인간이 행복한 삶을 사는 것이다. 결국 중요한 것
은 '인간'이라는 얘기다. 미래 시대를 살아갈 청소년이라면 인간의 본질을
탐구하고 내면을 이해하는 인문학 공부는 필수다.

1부에서는 세상을 바꾼 유명 인사들이 어떻게 인문학을 가까이했고, 인문
학을 바탕으로 어떤 성과를 냈는지 소개한다. 이러한 인물들의 행적을 살펴
본다면 인문학을 공부해야 하는 이유와 동기를 얻을 수 있을 것이다.

1

시와 선불교로
애플의 디자인을 만들다

애플, 스티브 잡스

스티브 잡스Steve Jobs는 인문학과 동양 철학을 통해 삶의 본질
과 깨달음을 추구한 혁신가였다. 잡스는 선불교의 영향을 받
아 마음을 가다듬고 정신을 집중하는 참선 수행을 했는데, 이
는 직관력과 통찰력의 밑거름이 되었다. 잡스의 직관은 그가
만들어낸 제품에 큰 영향을 끼쳤다. 세상을 바꾼 '아이폰'도
여기서 탄생했다. 그런 삶의 궤적을 따라가다 보면, 인문학이
어떻게 창조의 영감이 되는지 이해할 수 있다.

세계적인 혁신가로 성장한 사고뭉치

21세기 혁신의 아이콘으로 손꼽히는 스티브 잡스. 그는 세계적인 IT 기업 애플의 공동 창업자이자 CEO였고, 컴퓨터 그래픽 애니메이션 제작사인 픽사의 CEO로도 활동했다. 개인용 컴퓨터 '매킨토시'를 선보였던 그는 미디어 플레이어 '아이팟'을 통해 음악 산업에도 큰 영향을 미쳤다. 2007년에는 '아이폰'을 출시하며 전 세계에 스마트폰 열풍을 일으켰다.

이처럼 세계적인 업적을 남긴 덕분에 스티브 잡스를 추종하는 사람들이 많지만, 잡스의 성장기는 모범생의 그것과 거리가 멀었다. 입양아 출신인 그는 학창 시절 수업에 자주 빠졌고 말썽을 피웠다. 초등학교 4학년 때는 담임선생님이 용돈과 사탕을 쥐여주며 공부하자고 구슬릴 정도였다. 그는 선생님에게 대들었고 교실에 폭발물을 터

뜨리기도 했으며, 자기중심적인 성격으로 또래들과 잘 어울리지도 못했다.

성장한 후에는 양부모의 끈질긴 설득으로 리드칼리지에 들어갔지만, 양부모가 평생 모은 재산이 비싼 대학 등록금에 다 쓰인다고 생각해 한 학기만 수강한 후 중퇴했다.

그랬던 잡스가 애플의 CEO로 우뚝 설 수 있었던 이유는 다름 아닌 '인문 고전'과 '동양 철학' 덕분이었다. 그는 어떻게 인문학을 바탕으로 혁신적인 결과물을 만들었을까?

매킨토시 글꼴을 만든 서체 강의

스티브 잡스는 리드칼리지를 중퇴했지만 1년 6개월 동안 청강생 신분으로 원하는 수업들을 골라 들었다. 그는 "당시에는 참 두려운 결정이었지만, 돌이켜 보건대 그것은 내가 내렸던 최고의 결정 중 하나였다. 학교를 그만둔 순간부터 관심 없던 필수 과목들의 수강을 중단할 수 있었고, 훨씬 더 흥미로운 강의들을 듣기 시작했다."라고 회상한 바 있다.

잡스가 가장 관심을 가졌던 분야는 인문학이었다. 그가 다녔던 리드칼리지는 '방과 후 가장 책을 많이 읽는 대학'으로 유명하다. 잡스는 이 학교의 고전 독서 프로그램을 통해 플라톤, 호메로스, 카프카의 고전 작품을 섭렵하고 인문학 지식을 쌓을 수 있었다. 그는 훗날 "리드칼리지의 고전 독서 프로그램은 오늘날 애플 컴퓨터를 만든 힘이다."라고 말하면서 이 학교에 거액을 기부하기도 했다.

특히 잡스는 리드칼리지에서 서체 강좌에 흠뻑 빠져 지냈다. 그는 "나는 삐침이 있는 글꼴과 없는 글꼴에 대해 배웠고, 서로 다른 문자들을 조합하면서 자간을 조절하는 법도 배웠으며, 좋은 글꼴의 조건도 배웠다. 거기에는 아름다움과 역사, 예술적 섬세함이 배어 있었다. 나는 그것에 매혹되었다."라고 말했다.

잡스는 수업을 들은 뒤 서체에 대해 한동안 잊고 지냈지만, 약 10년 후 매킨토시를 만들 때 불현듯 과거의 수업 내용을 떠올렸다. 그는 과거 공부했던 서체들을 매킨토시 컴퓨터에 적용했다. 글꼴이라는 인문적 요소가 스티브 잡스의 직관을 만나 새롭게 탄생한 것이다. 잡스의 직관을 만나 탄생한 매킨토시 컴퓨터의 아름다운 글꼴은 애플의 최대 히트작이 되었다.

애플의 디자인을 탄생시킨 선불교

대학교를 그만둔 이후 잡스는 히피Hippie 문화에 심취했다. 히피는 1960년대 미국 등 서구에서 기존의 사회 제도와 관습을 거부하고 자유로운 생활 양식을 추구하는 청년층을 가리킨다. 캠퍼스를 나와 사과 농장에서 히피 공동체 생활을 한 잡스는 그곳에서 일본 선불교 승려인 오토가와 고분 치노를 만나 불교에 눈을 떴다. 이후 그는 인도 히말라야를 오랫동안 여행하며 선불교를 깊이 공부하게 되었다.

선불교는 고요히 앉아서 참선 수행을 하는 종교다. 자신을 돌아보고 깊이 생각하며 깨달음을 얻는 것을 중점으로 둔다. 진정한 깨달음을 얻으려면 모든 잡념에서 벗어나 고요한 상태에서 내면의 본질, 단 하나에만 집중해야 한다. 선불교는 불자들로 하여금 간소하고 절제된 삶을 살도록 이끌었다. 잡스는 끊임없는 자기 수양과 간소함을 추구하는 선불교 사상에 매료되었는데, 상당한 경지까지 올랐다고 전해진다.

이러한 선불교 사상은 잡스가 자신만의 스타일로 독창적인 결과물을 내는 창업가로 거듭나는 밑거름이 되었다. 실제로 잡스는 "불교를 접한 것이야말로 내 인생의 가장 중요한 일 중 하나다."라고 말하기도 했다. 일례로 잡스는 애플을 창업한 뒤 회사에서 만드는 모든 제품의 디자인에서 단순함을 강조한 것으로 잘 알려져 있는데, 이것은 절제 및 참선의 정신과 무관하지 않다. "단순함이란 궁극의 정교함이다."라는 애플의 디자인 철학은 선불교가 아니었다면 나오기 어려웠을 것이다.

시를 통해 직관력과 창의력을 기르다

스티브 잡스는 그 누구보다 직관적이고 창조적인 리더로 잘 알려져 있다. 잡스의 직관과 창조는 어디에서 온 것일까? 그 해답 중의 하나는 그를 매혹한 시에 있다. 시는 흔히 직관의 산물로 일컬어지며, 이성적이고 논리적인 것은 아니다. 잡스는 한때 영국의 시인이자 화가였던 윌리엄 블레이크의 시에 깊이 몰입했다. 블레이크는 자신만의 신비로운 체험을 시로 표현한 작가다.

블레이크의 생애와 작품 세계를 엿보면 잡스가 유대감을 느꼈을 법하다. 1757년 영국 런던에서 태어난 블레이크는 정규 교육을 받지 못했고, 열다섯 살 때부터 판각화가 밑에서 일을 배웠다. 왕립미술원에서 공부하면서 미술에도 소질을 보였다.

어린 시절 블레이크는 천사와 이야기를 주고받고 언덕 위에 올라

하늘을 만지는 체험을 했다고 한다. 이러한 경험과 상상력은 신비로운 시풍을 만들어냈다. 특히 블레이크가 쓴 '순수의 전조Auguries of Innocence'라는 시의 도입부를 보면 신비로운 이미지가 강하게 드러나고 있다. 순수의 전조 도입부를 살펴보자.

한 알의 모래 속에서 세계를 보고
한 송이 들꽃에서 천국을 보기 위해
손바닥 안에 무한을 붙들고
시간 속에 영원을 붙잡아라

'손바닥 안에 무한을 붙들고'라는 표현에서 언뜻 스마트폰이 연상된다. 잡스가 영감을 얻고 아이디어를 현실화할 수 있었던 것은 시 때문이 아닐까 싶다. 잡스는 "생각이 막힐 때 시를 읽으면 아이디어가 샘솟는다."라고 말한 바 있다. 잡스 역시 동양적인 신비주의와 선의 세계를 추구한다고 고백했다. 블레이크는 작품 속에서 열린 세계와 역동적 사고를 추구했는데, 이 역시 '잡스 스타일'이라고 할 수 있다. 블레이크는 이성이나 법률, 관습이 만들어낸 사슬로부터 자유로운 삶을 추구했다. 잡스는 블레이크의 삶과 시에서 틀을 깨뜨리는 창조적인 '상상 에너지'를 얻을 수 있었던 것이다.

잡스가 좋아하는 또 다른 시인으로는 딜런 토마스가 있다. 딜런 토마스는 1930년대를 대표하는 영국의 방랑 시인으로, 가난에 시달렸지만 위선에 저항하고 생명력이 넘치는 시를 쓰기를 갈망했다. 자유로움을 추구했다는 점에서 잡스와 결이 맞다.

점을 연결하고 자신만의 미래를 그려라

스티브 잡스는 '점을 연결하는 것Connecting the dots'이라는 유명한 말을 남겼다. 이는 2005년 6월 스탠퍼드대학교 졸업식 축사에서 나왔는데, 출발과 시작 그리고 노력의 중요성을 '점을 연결하는 것'이라고 표현했다.

잡스가 말하는 '점을 연결하는 것'이란 지금 또는 그 전에 하고 있는 일(점)들이 당시에는 의미 없는 일로 여겨질지라도, 훗날 자신의 인생을 결정적으로 바꾸는 무기가 될 수 있다는 뜻이다. 여기서 점을 이루는 것은 명문대 간판이 아니라 독서와 배움을 향한 열정, 이를 바탕으로 한 창조 정신이라 할 수 있다. 잡스는 점을 연결하는 일로 서체를 공부한 것을 꼽았다.

잡스가 인문학을 공부한 것이 훗날 애플의 제품을 만드는 밑거름이 된 것처럼, 우리도 인문학을 통해 새롭게 연결하는 '점'을 만들 수 있다. 바쁜 시간에 자투리 시간을 내어 인문 고전을 읽는다면 그것이 훗날 창조적인 영감의 원천으로 작용해 꿈을 이룰 수 있다는 말이다.

잡스는 스탠퍼드대학교 졸업식에 청바지를 입고 나와 축사하면서 이렇게 말했다.

> "인생은 단 한 번뿐이다. 남의 인생을 살지 마라. 너의 목마름을 추구해라. 바보 같아도 좋다."

이러한 태도로 인문학을 공부하고 목표를 향해 정진한다면, 자신의 미래뿐만 아니라 세상을 움직이는 원동력을 얻을 것이다.

스티브 잡스의 인문학 공부 습관 _____

① 독서는 필수, 인문 고전을 가까이하라
② 자신의 취미와 적성에 맞는 강의를 많이 들어라
③ 시를 읽으며 시인의 상상력과 영감 속으로 들어가라
④ 과거와 현재의 경험을 활용해 미래의 꿈을 키워라

2

독서로 기업 경영의
해답을 구하다

마이크로소프트, 빌 게이츠

빌 게이츠Bill Gates는 디지털 시대를 연 개척자다. 그가 오늘날과 같은 성과를 거둘 수 있었던 배경에는 인문학과 독서가 손꼽힌다. 그는 "어릴 적 나에게는 많은 꿈이 있었다. 그 꿈의 대부분은 책을 읽을 기회가 많았기에 자라날 수 있었다고 생각한다."라고 말한 바 있다. 어릴 적부터 동네 도서관을 제집처럼 드나들던 그는 아직도 모르는 것이 생기면 가장 먼저 도서관으로 달려간다. 글로벌 IT 시장의 최정상에 선 그가 독서와 인문 고전을 가까이한 이유는 무엇이었을까?

세계적인 창업가의 인문학 공부

빌 게이츠는 세계 최대의 소프트웨어 회사인 마이크로소프트를 창업하고, 윈도 운영체제를 개발한 미국의 기업가다. 미국 시애틀의 명문가에서 태어난 그는 열세 살 때부터 게임을 하기 위해 직접 프로그래밍을 했다. 하버드대학교에 입학했으나 장차 개인용 컴퓨터가 모든 사무실과 가정에 중요한 도구로 자리 잡을 것을 예견하고 학교를 그만둔 뒤, 고등학교 친구인 폴 앨런과 함께 마이크로소프트를 공동 창업했다.

빌 게이츠는 세계적인 자산가로도 잘 알려져 있다. 미국 경제 전문지 포춘Fortune에 따르면, 그의 재산은 2021년 5월 기준 1,240억 달러(한화 약 140조 원)에 달한다.

빌 게이츠가 오늘날과 같은 성공을 거둘 수 있었던 배경은 유복한 집안 환경 때문만은 아니었다. 그는 어린 시절부터 줄곧 인문학을 가까이했고, 기업가로 활동하는 내내 책을 손에서 놓지 않았던 것으로도 유명하다.

창의력과 호기심을 길러준 독서 습관

어린 시절 부모님이 바빴던 게이츠는 거의 외할머니 손에 자랐다. 외할머니는 게이츠에게 틈만 나면 책을 읽어 주었는데, 덕분에 그는 여러 분야에 관심을 가진 독서광이 되었다. 청소년을 위한 자연과학 소설인 『샤로테의 거미집』, 동물과 의사소통을 할 수 있는 의사와 동물 환자들을 그린 『둘리틀 박사』, 기상천외한 발명품을 만들어내는 발명가를 그린 『톰 스위프트』, 우리나라에 영화로도 방영되었던 『타잔 시리즈』, 각종 수학과 과학 책도 빠짐없이 읽었다.

그가 감명 깊게 읽었던 고전 작품은 『위대한 개츠비』, 『호밀밭의 파수꾼』, 『메디슨 카운티의 다리』 등이다. 마일리스 더 케랑갈의 『살아 있는 자를 수선하기』, 존 그린의 『거북이는 언제나 거기 있어』, 에이모 토울스의 『모스크바 신사』, 존 롤스의 『분리된 평화』도 게이츠가 애독한 소설이다.

게이츠는 2017년 타임Time과 가진 인터뷰에서 "독서는 성공에 절대적으로 필요하다."라고 강조했다. 독서란 세상에 대한 호기심을 끊임없이 공급하는 활동이라는 게 그 이유였다. 게이츠는 독서로 기른 호기심이 사업을 하도록 이끌었고, 재단을 운영하는 데에도 도움이 되었다고 밝혔다. 책 한 권 한 권이 새로운 것을 일깨워주고, 세상을 다른 눈으로 볼 수 있게 이끌어 준다는 것이다.

일곱 살 때 게이츠는 백과사전을 처음부터 끝까지 읽기로 결심했다고 한다. P로 시작하는 항목까지 읽던 게이츠는 유명한 위인들의 전기를 읽는 데 빠져들었다. 루스벨트와 나폴레옹과 같은 인물들의 전기를 닥치는 대로 읽었다. 특히 나폴레옹에 대해서는 모든 것을 다 알려고 노력할 정도였다.

게이츠는 틈만 나면 동네 도서관에서 책을 읽었다. 매해 여름마다 집 근처에 있는 도서관에서 개최하는 독서 경연대회의 1등은 게이츠의 몫이었다. 그는 "내가 살던 마을의 작은 도서관이 지금의 나를 만들었다. 나에게 소중한 것은 하버드대학교 졸업장보다 독서하는 습관이었다."라며 책 읽기의 중요성을 강조하기도 했다.

그는 바쁜 일과 중에도 매일 밤 한 시간씩, 주말에는 서너 시간씩 책을 읽는 습관을 지켰다. 그런 독서 습관이 지식과 안목, 통찰력을 키워준 것임은 두말할 나위가 없다.

좋아하지 않는 분야도 알아야 하는 이유

게이츠는 책뿐만 아니라 신문과 잡지를 읽는 것도 권유한다. 신문과 잡지를 읽는 이유는 시대의 흐름을 파악하고 트렌드를 살피기 위함이다. 이때 중요한 것은 관심 있는 기사만 골라서 읽는 것이 아니라, 좋아하지 않는 분야의 기사도 챙겨 읽어야 한다는 것이다.

게이츠는 일주일 동안의 신문들을 처음부터 끝까지 빼놓지 않고 읽는 습관을 갖고 있다. 만약 경제나 과학 등 관심 있는 분야의 기사만 읽는다면, 읽기 전이나 읽은 후나 달라지는 점이 없기 때문이다. 자신의 관심 분야가 아닌 기사도 꼼꼼하게 읽으면 새로운 정보를 발견하고, 이를 바탕으로 사고를 확장할 수 있다. 게이츠는 신문이 관심 분야를 넓혀주는 지식의 창고 역할을 한다고 강조한 바 있다.

다양한 분야의 기사를 빼놓지 않고 읽는다면, 어떤 내용이 더 중요하고 덜 중요한지 가치의 무게를 판가름할 수 있게 된다. 이는 사회적으로 가치 있는 정보를 식별하여 자신의 역량으로 삼는 것과도 연결된다. 인터넷 포털 사이트를 통해 좋아하는 뉴스만 골라 보는 경우, 정보는 얻을 수 있어도 그 정보가 사회 전반에서 얼마나 가치 있는 내용인지 파악하는 데에는 한계를 가진다.

요즘에는 인터넷과 유튜브 등에서 인공지능 알고리즘이 추천하는 정보를 접하는 경우가 많다. 이는 좋아하는 분야의 내용을 쉽게 접하게끔 해주는 장점이 있지만, 세상을 보는 시야를 넓히는 데에는 한계가 생길 수도 있다. 주어진 분야와 정보에 매몰되지 않고, 내가 알고 있는 지식을 더욱 확장하려면 편향된 읽기 습관을 깨야 한다. 인공지능 알고리즘이 지배하는 시대일수록, 게이츠와 같이 분야를 가리지 않고 트렌드를 읽는 습관을 길러야 한다.

인문 고전에서 경영의 해답을 찾다

빌 게이츠는 마이크로소프트 CEO 시절부터 일 년에 두 차례 외딴 오두막 별장에서 '생각 주간Think Week'을 보내는 것으로 유명하다. 생각 주간이란, 일주일 동안 혼자만의 시간을 보내면서 회사를 어떻게 경영할지 깊이 사색하는 기간을 의미한다.

이 기간에는 하루 두 끼 식사를 제공하는 도우미 외에는 가족과 직장 동료 그 누구도 들어올 수 없다. 회사의 장래를 결정지을 새로운 기술 개발과 사업 아이디어를 연구하는 데 깊이 몰입하고, 장기적인 비전과 전략을 세운다.

이때 게이츠는 전 세계 마이크로소프트 임직원들이 작성한 보고

서와 제안서를 선별하거나, 기술 트렌드와 구성원의 아이디어를 분석한다. 월스트리트저널은 게이츠가 생각 주간에 수십 쪽에 달하는 보고서를 112개까지 읽은 적이 있다고 보도하기도 했다.

물론 보고서만 읽는 것은 아니다. 게이츠는 생각 주간에서 인문 고전을 빼놓지 않는다. 그의 오두막 책장에는 세계 고전문학 작품이 가득한 것으로 전해진다. 마이크로소프트가 세계적인 기업의 저력을 꾸준히 이어갈 수 있었던 이유는 인문 고전의 지혜 속에서 경영의 해답을 구하는 경영자의 노력 덕분이 아닐까?

끈기 있는 독서로 문제를 해결하다

빌 게이츠는 디지털 개척자임에도 불구하고 "컴퓨터가 책을 완전히 대체할 수는 없다."라고 말했다. 심지어 독서를 하지 않고서는 더 이상 발전할 수 없다고 강조했다. 그렇다면 게이츠는 어떻게 책을 읽을까? 그는 미국 인터넷 신문 퀴츠Quartz와 가진 인터뷰에서 자신의 독서법 네 가지를 들려주었다.

첫째, 메모하며 읽기다. 빈 곳에 자신의 생각을 적으면서 읽으면 내용을 효과적으로 정리할 수 있다. 또는 노트북이나 스마트폰에 메모를 하면 이후 검색하거나 인용하기에 편리하다.

둘째, 자신이 잘 모르는 분야라도 읽기 시작한 책은 끝까지 읽는다. 게이츠는 일단 책을 읽기 시작하면 내용이 마음에 들건 안 들건 끝까지 독파한다. 자신이 아는 분야나 좋아하는 내용만 읽는 습관을 바로잡을 수 있다.

셋째, 새로운 분야를 공부할 때는 역사책부터 읽는다. 역사를 알면 흐름을 파악할 수 있기 때문이다. 게이츠는 머릿속에 지적인 지도를 가지려면 역사를 읽어야 한다고 강조한다. 과학을 알기 위해서는 과학사를 읽어야 하고, 철학을 배우기 위해서는 철학사를 읽어야 하며, 경제를 알기 위해서는 경제사를 공부해야 한다는 것이 그의 독서법이다.

넷째, 하루 한 시간 몰입해서 책을 읽는 것이다. 독서는 습관이다. 잠자기 전이나 아침에 시간을 정해 집중적으로 읽는 습관을 들여야 한다. 최소한 한 시간은 읽어야 책의 내용을 이해할 수 있기 때문이다.

게이츠에게 독서란 단순한 책 읽기가 아니라, 모르는 문제를 해결하는 중요한 습관이었다. 그는 어려서부터 이해할 수 없는 것에 관해서는 답을 알아내려고 집요하게 파고들었고, 도서관에서 많은 시간을 보냈다.

모르는 게 생길 경우 도서관으로 달려가는 버릇은 마이크로소프트를 창업한 후에도 이어졌다. 그는 컴퓨터에 대한 궁금증이 생기면 당장 도서관으로 달려가 밤을 새우며 해결책을 찾았다. 독서를 통해 지식을 넓히고, 맞닥뜨린 문제를 해결하면서 새로운 아이디어를 찾아나간 것이다.

　2014년 마이크로소프트의 회장직에서 물러난 게이츠는 바이러스나 불평등, 기후 등 전 지구적인 문제를 해결하기 위해 노력하고 있는데, 여전히 독서에서 해결책을 구하고 있다. 게이츠는 '게이츠노트 www.gatesnotes.com'를 운영하며 전 세계인들과 추천 도서와 독후감을 공유하고 있다. 빌 게이츠와 같이 독서 노트를 운영하면 인문학 공부 습관을 한층 더 강화할 수 있을 것이다.

빌 게이츠의 인문학 공부 습관

① 하루 한 시간씩 책에 집중하라
② 자신이 싫어하는 분야의 책을 읽으며 사고를 넓혀라
③ 꼼꼼하게 책을 읽으며 여백에 메모하고, 독서 후기를 공유하라
④ 책뿐만 아니라 신문과 잡지를 읽어 트렌드를 파악하라

3

소설 속 상상력으로
우주를 개척하다

스페이스X, 일론 머스크

◇ ◇ ◇

일론 머스크Elon Musk는 어린 시절 책을 읽으며 상상력
을 키웠고, 그 상상력을 현실로 만들었다. 실제로 그는 소
설 『반지의 제왕』에 나오는 영웅들을 보며 세상을 구해야
겠다고 결심했다. 『은하수를 여행하는 히치하이커를 위한
안내서』를 보며 우주 개발을 꿈꾸었고, 민간 우주 개발 기업
스페이스X를 세우기도 했다. 그가 꿈을 현실로 만드는 배
경에는 인문학과 독서가 있었다.

혁신의 아이콘으로 성장한 외톨이 소년

요즘 세계에서 가장 이슈가 되는 인물을 꼽으라면 미국의 기업가 일론 머스크를 들 수 있겠다. 그는 민간 우주 개발 기업 스페이스X를 설립했으며, 전기자동차 기업 테슬라의 초기 투자자이자 CEO다. 그가 창업한 회사 x.com은 온라인 송금 서비스 기업인 페이팔의 전신이 되었다. 영화 〈아이언맨〉 제작 당시 배우 로버트 다우니 주니어가 '토니 스타크' 캐릭터를 구상할 때 일론 머스크를 모티브로 삼아 화제가 되기도 했다.

이처럼 세계를 놀라게 할 만한 업적들을 세운 머스크이지만 성장 과정은 순탄치 않았다. 그는 '아스퍼거 증후군'을 앓고 있다고 고백한 바 있다. 아스퍼거 증후군은 자폐성 장애의 일종으로, 타인과의 대화를 원만히 이끌어나가지 못하고 대인관계에 어려움을 겪는 특성을 보인다.

몸이 허약하고 성격이 독특했던 머스크는 따돌림과 폭행, 괴롭힘으로 힘겨운 청소년기를 보냈다. 계단에서 밀려 굴러떨어진 뒤 의식을 잃을 때까지 맞는 바람에 코 재건 수술을 한 적도 있다.

학창 시절의 외톨이 소년은 어떻게 혁신의 대명사로 성장할 수 있었을까? 그를 위로하는 힘이자 세상으로 나아가게 한 동력은 '독서로 키운 상상력'이었다. 독서로 위로받고 성장한 그는 책에서 얻은 영감을 현실로 구현하기에 이른다.

공상과학 소설에서 영감을 얻다

학교 폭력으로 집에서 보내는 시간이 많았던 머스크는 독서로 외로움을 달랬다. 그는 하루에 열 시간씩 책을 읽었고, 책을 통해 스스로 배우는 것에 익숙했다. 열두 살 때는 컴퓨터 프로그래밍을 스스로 익혀 동생과 함께 '블래스터Blastar'라는 비디오 게임을 만들었다. 이 게임은 머스크가 공상과학 소설에서 영감을 얻어 만든 것으로, 잡지 회사로부터 500달러를 받고 소스 코드를 공개하기도 했다.

머스크를 매혹한 책은 브리태니커 백과사전과 공상과학 소설이었다. 머스크는 "어린 시절 컴퓨터와 공상과학 소설에 대한 열의가 우주 사업에 도전하는 밑거름이 된 것 같다."고 회상한 바 있다. 그는 어린 시절 더글라스 애덤스의 소설『은하수를 여행하는 히치하이커를 위한 안내서』에 빠져들었다. 그는 이 책에 나온 공상과학 세계를 아이디어의 원천으로 삼았다. 이는 화성에 지구인의 거주지를 건설하려는 꿈으로 발전했고, 민간 우주 개발 기업 '스페이스X'를 설립하는 근간이 됐다.

머스크가 자신의 생각을 과감하게 현실로 옮기는 창업가가 된 것을 보면, 인문학적 상상력이 창조와 혁신을 이끌어내는 바탕이 된다는 것을 알 수 있다. 머스크는 "언젠가 수명이 다할 지구를 떠나 화성으로 이주하겠다는 어린 시절 꿈을 이루겠다."고 말했다. 매일 두 권의 책을 읽어치우는 그는 세계의 모든 도서관의 책을 뒤져서라도 그 방법을 찾아낼 것만 같다.

"우리는 거인의 어깨에 올라선 난쟁이다. 작지만 때로는 거인보다 먼 곳을 보기도 한다."

중세 수도원의 도서관을 배경으로 한 움베르토 에코의 소설『장미의 이름』에 나오는 말이다. 우리가 거인의 어깨에 올라탈 수 있는 가장 쉬운 방법은 '독서'다. 세상을 바꾼 사람들은 한결같이 독서 습관으로 거인의 어깨에 올라타고 스스로 거인이 되었다. 독서를 하면서 더 넓게, 그리고 더 멀리 세상을 볼 수 있었던 것이다.

'리더Reader가 리더Leader가 된다.'라는 말이 있다. 머스크는 사람들이 우주 여행 로켓을 만드는 법을 어떻게 배웠느냐는 질문을 할 때마다 "나는 책을 읽는다I read books."라는 세 단어로 대답했다.

빌 게이츠가 하루 한 시간을 별도로 할애해 독서에 몰입한다면, 일론 머스크는 자투리 시간에 독서를 한다. 머스크는 책을 만 권 정도 읽었다고 말한다. 과거 우리나라는 집에 만 권의 책을 소장하면 장서가로 대우해 주었다. 만 권의 책을 읽어야 세상을 볼 수 있는 안목이 생기고 문리가 트인다는 말이다. 그 말처럼 머스크는 독서를 통해 어떤 경지에 도달했다고 할 수 있지 않을까 싶다.

불가능을 현실로 만드는 '문샷 싱킹'

어머니의 도움으로 캐나다의 퀸즈대학교에서 물리학을 전공한 머스크는 미국 펜실베이니아대학교에 편입했다. 이후 스탠퍼드대학교 박사 과정을 밟았지만, 창업을 위해 이틀 만에 자퇴하고 실리콘

밸리로 이주했다. 이 결정은 인생의 변곡점이 되었다.

머스크는 펜실베이니아대학교에 다니던 시절 인생의 목표를 정했다고 한다. 그는 '장차 인류에게 필요한 게 뭘까?'라고 스스로 질문을 던졌다. 질문 끝에 얻은 답은 '소통을 위한 인터넷'과 '환경 오염을 해결하기 위한 청정 에너지', '지구의 피난처인 우주로 이주' 등 세 가지였다.

이에 대해 미국 일간지 뉴욕타임스는 "누군가에게는 허무맹랑한 이야기지만, 머스크에게는 불가능해 보이는 혁신적 사고를 현실로 만들어나가는 '문샷 싱킹Moonshot Thinking'의 출발점이었다."라고 보도했다.

'문샷Moonshot'이란 실현 불가능할 것 같은 프로젝트처럼 창의적이고 혁신적인 생각을 의미한다. 냉전이 한창이던 1957년, 소련이 최초의 인공위성 스푸트니크를 성공적으로 발사하자 미국은 충격을 받았다. 1961년 1월 미국 대통령에 취임한 존 F. 케네디는 국민에게 "우리는 10년 내로 달에 간다."라는 단 한 문장으로 요약된 '문샷 프로젝트'를 제안했다. 많은 사람이 의구심을 품었지만, 1969년 마침내 인류가 달에 첫발을 디뎠다. 혁신이란 해답이 없을 것 같은 문제에 도전하는 '문샷 싱킹'에서 출발하는 것이다.

머스크는 지구 밖 화성에 새로운 문명을 개척하고 있다. 머스크는 스페이스X를 설립하며 직원들에게 "우리의 첫 번째 임무는 기존의 오래된 사고방식을 정면 돌파하는 것이다."라고 말했다. 자신의 역량을 키우기 위해서는 문샷 싱킹과 같은 사고방식이 필요하다.

미래 시대의 교육, '인문학'에서 답을 구하라

머스크는 자녀들에게 인문학을 가르치고 있다. 그는 2014년 자녀 교육을 위해 '애드 아스트라Ad Astra'라는 사립학교를 직접 설립해 운영하고 있다. 현재 이 학교에는 자신의 자녀들과 스페이스X 임직원 자녀 등 40여 명이 다니는 것으로 알려졌다. 라틴어 '별을 향해'라는 뜻을 지닌 이 학교에서는 소크라테스식 문답법과 같이 대화와 질문 형식으로 수업을 진행하고 윤리와 도덕, 철학 등을 가르치는 것으로 알려졌다.

첨단 기술이 중요한 시대에 옛 철학자의 수업 방식으로 인문학을 가르치는 이유는 무엇일까? 4차 산업혁명 시대를 대표하는 기술은 '인공지능AI'이다. 이제 인간에게 필요한 각종 지식과 정보를 인공지능에 묻고 답을 구하는 시대가 되었다. 그렇다면 앞으로의 시대에서 중요한 것은 무엇일까? 시대의 변화와 기술의 발전으로 발생할 수 있는 윤리적·도덕적 문제를 해결할 수 있어야 한다.

예를 들어 로봇과 인공지능이 인간을 대체할 것이라는 전망이 꾸준히 나오고 있는데, 이 문제를 어떻게 해결해야 할까? 기술의 발전과 사회적 불평등의 심화, 로봇과의 대립, 인간의 노동할 권리 등 윤리적인 문제를 해결하는 것이 무엇보다 중요해지고 있다. 머스크는 장차 세상을 이끌어갈 미래 세대를 위해 인문학을 가르치고 있는 것이다.

일론 머스크의 인문학 공부 습관 _____

① 독서를 바탕으로 상상력과 꿈을 키워라

② 자투리 시간을 모아 책을 읽어라

③ 윤리적·철학적 관점으로 문제를 해결하라

④ '문샷 싱킹'으로 어려운 문제에 과감히 도전하라

인간 심리를 꿰뚫어
소통의 장을 열다

페이스북, 마크 저커버그

마크 저커버그Mark Zuckerberg는 "우리의 경영 철학은 먼저 사람에게 관심을 가지는 것이다."라고 말한 바 있다. 그는 사람들이 본질적으로 원하는 것은 타인과 소통하고 상호 관계를 맺는 것이라는 점에 주목했다. 여기서 탄생한 서비스가 바로 페이스북이다. 인간의 내면 심리와 요구를 통찰한 것이 창의적인 사업으로 연결된 것을 보면, 인문학적 관점으로 세상을 바라보는 것이 왜 중요한지 알 수 있다.

전 세계 소셜 혁명을 일으킨 혁신가

페이스북의 창업자 마크 저커버그는 오늘날 소셜 혁명을 선도하는 기업가다. 2010년에는 타임지가 선정한 올해의 인물로 뽑히기도 했다. 마크 저커버그가 탄생시킨 페이스북은 인간관계를 형성하고 소통하는 데 큰 영향을 미쳤으며, 정치와 문화 등 다양한 분야에서도 파괴적인 영향을 미치고 있다.

2002년 하버드대학교에 입학한 저커버그는 이듬해 대학교 동문을 관리하는 프로그램을 개발했는데, 이것이 바로 페이스북이다. 페이스북은 2004년 하버드대학교를 넘어 소셜 네트워크 서비스로 확장되었다. 저커버그는 페이스북 CEO가 된 이후 대학교를 중퇴했다. 최근에는 가상현실VR과 증강현실AR 기술을 차세대 사업으로 육성하는 등 새로운 도전을 거듭하고 있다.

인문학적 관점에서 탄생한 페이스북

저커버그는 미국 뉴욕의 유대인 가정 출신이다. 아버지는 치과 의사, 어머니는 정신과 의사다. 저커버그는 아버지에게 컴퓨터를 배우면서 남다른 재능을 보였다. 열한 살 때는 병원 컴퓨터에 환자 도착을 알리는 프로그램을 개발하기도 했다. 고등학교에 다닐 때는 인공지능을 이용한 음악 감상 소프트웨어인 '시냅스 미디어 플레이어'를 만들었을 정도다. 마이크로소프트에서 저커버그에게 입사 제의를 했지만, 그는 하버드대학교에서 컴퓨터과학과 심리학을 전공하기 위해 거절했다.

저커버그는 인문학적 소양도 갖추고 있었다. 그는 어린 시절부터 역사, 예술, 논리학, 심리학, 그리스 로마 신화 관련 책들을 골고루 탐독했다. 고등학생 때는 서양 고전학 과목에서 우수한 성적을 거두었다. 대학 시절에는 호메로스의 『일리아스』와 같은 서사시의 구절을 자주 인용해 괴짜로 통했다.

컴퓨터과학을 전공한 저커버그는 어머니의 영향 때문인지 심리학도 함께 전공했다. 그는 2006년 더 뉴요커The New Yorker와 가진 인터뷰에서 심리학을 전공한 이유에 대해 "사람들이 가장 흥미를 갖는 것은 다른 사람들이기 때문이다."라고 대답했다.

그의 대답은 인간이란 누구나 서로 연결되고 싶어 한다는 인문학적 통찰을 담고 있다. 그가 사람과 사람 간의 관계를 이어주고 소통하는 광장인 페이스북을 만든 것은 자연스러운 일이었다. 인간의 사회적 욕구 중 하나는 타인과 소통하고 관계를 맺는 것이다. 저커버그는 사람들이 인터넷을 왜 하는지, 무엇을 얻길 바라는지 정확하게 꿰뚫어보고 이를 사업으로 이루었다.

저커버그는 2017년 하버드대학교 졸업식 연설에서 "우리의 부모 세대는 평생 직장을 가졌지만 우리는 모두 기업가 세대다. 스스로 프로젝트를 시작하고 자신만의 역할을 찾아야 한다. 기술과 자동화가 많은 일자리를 없애고 있다."라며 오늘날의 시대를 진단했다.

기술의 발전은 많은 편의를 가져다주었지만, 인간은 로봇과 인공지능과 일자리를 놓고 경쟁해야 할 처지가 되었다. 우리는 어떻게 미래 시대를 살아가야 할까? 이에 대해 저커버그는 "우리는 새로운 일자리뿐만 아니라 새로운 목적 의식을 창조해야 한다. 우리 세대가 직접 위대한 일을 만들어낼 시간이다."라는 해답을 제시했다.

자신만의 일을 찾고자 고민한다면 저커버그처럼 '인문학'을 출발점으로 삼아 보는 것은 어떨까? 인문학적 관점으로 세상을 바라보고 상상의 나래로 펼친다면, 누구나 저커버그와 같은 통찰력을 가질 수 있을 것이다.

독서를 통해 인간과 사회를 통찰하다

혁신적인 창업자들이 그랬듯이, 저커버그 또한 자타가 공인하는 독서광이다. 그는 2015년부터 페이스북에 '올해의 책A Year of Books' 이라는 페이지를 만들어 함께 책을 읽자는 캠페인을 펼치기도 했다. 그는 "책을 읽으면 지적으로 충만해진다. 오늘날 어떤 미디어보다도 주제를 깊이 탐구하고 몰입하도록 해준다."라며 독서에 대한 견해를 밝히기도 했다.

저커버그가 독서 캠페인에서 첫 번째 책으로 손꼽았던 것은 권력이 어떻게 이동하는지 분석한 모이제스 나임의 『권력의 종말』이었다. 유발 하라리의 『사피엔스』는 마크 저커버그와 빌 게이츠의 추천에 힘입어 세계적인 베스트셀러로 발돋움했다.

저커버그는 세계 불평등의 기원과 해결 방안을 담은 대런 애쓰모글루의 『국가는 왜 실패하는가』를 추천했다. 또한 인류가 어떻게 악한 본성을 억누르고 선한 의지로 문명의 발전을 이끌어 왔는지 설명하는 스티븐 핑커의 『우리 본성의 선한 천사』도 권했다. 『우리 본성의 선한 천사』는 빌 게이츠도 권한 책으로 잘 알려져 있다.

저커버그는 마이클 최의 『사람들은 어떻게 광장에 모이는 것일까?』도 추천했다. 이 책은 권력에 저항하는 대중의 메커니즘을 게임

이론으로 설명하며 '공유 지식'이라는 개념을 제시했다. 그는 소셜 네트워크 전문가답게 "이 책은 사람들이 서로 어떻게 지식을 공유하고 세상을 발전시키는지 알려주는 책이다."라고 말했다. 저커버그는 영국의 동물학자이자 과학 저술가인 매트 리들리의 『이성적 낙관주의자』도 좋은 책으로 손꼽았다. 이 책은 인간의 문명이 어떻게 발달해 왔는지 설명했다.

저커버그의 추천 도서를 따라가다 보면 그가 어떻게 소셜 네트워크의 거장이 되었는지 알 수 있다. 그는 심리학을 전공하면서 인간 내면의 의식과 무의식을 탐구했다. 이어 세계적인 기업가가 된 지금은 인간이 구성한 사회와 문명, 국가와 권력을 탐구하는 책을 선호한다. 그리고 다양한 관점에서 인간과 사회를 이해하고, 이를 기업 경영에 접목하는 경향을 보인다.

세상을 바꾸는 연결의 힘

전 세계에 다양한 소셜 네트워크 서비스가 있음에도 불구하고, 페이스북은 수많은 사용자를 확보하고 있다. 소셜 네트워크 서비스는 트렌드에 민감해 사용자의 관심을 꾸준히 얻기가 어려운데, 페이스북은 여전히 남다른 저력을 자랑하고 있다. 2020년 6월 기준 페이스북의 월 실사용자 수는 27억 명으로 알려졌다. 전 세계 사람 3명 중 1명은 페이스북을 하는 셈이다.

2004년부터 서비스를 시작한 페이스북이 오랫동안 수많은 이들의 사랑을 받아온 이유는 '연결의 가치'를 중시했기 때문이다. 실제로 저커버그는 페이스북을 창업하고 "보다 열리고 연결된 세상을 만든다."라는 미션을 내세웠다.

저커버그는 여기서 한 걸음 더 나아가 사회적 연대까지 내다보았다. 2017년 미국에서 열린 '페이스북 커뮤니티 서밋' 행사에서 저커버그는 "페이스북은 세상을 연결하는 데 주력해 왔지만, 우리 사회 곳곳에서는 여전히 갈등이 불거지고 있다. 우리의 새로운 과제는 세상을 더 가깝게 만드는 것이다."라며 공동체와 연대 의식을 강조했다. 이를 위해 수십억 명에 이르는 페이스북 사용자들이 의미 있는 커뮤니티를 만들고 참여하도록 이끌겠다고 밝혔다.

만약 페이스북이 단순한 친목이나 기술적인 요소만 강조했다면, 그토록 오랫동안 전 세계 사용자들의 사랑을 받기란 어려웠을 것이다. 저커버그는 사람 간의 소통과 연결, 사회적 연대와 갈등 해소를 통해 삶의 질을 높이겠다는 인문학적 관점을 갖고 있다. 이러한 관점을 경영과 접목한 것이 페이스북 성공의 비결일 것이다.

마크 저커버그의 인문학 공부 습관 _____

① 사람과 사람 간의 소통, 관계에 집중하라
② 사람들이 본질적으로 원하는 것이 무엇인지 탐색하라
③ 사회 공동체와 화합에 관심을 가져라
④ 책에서 책으로 꼬리물기 독서를 하라

5

인간중심적 사고로 인공지능을 설계하다
구글 딥마인드, 데미스 하사비스

데미스 하사비스Demis Hassabis는 인간에 대한 깊은 이해를 바탕으로 게임을 개발했고, 인지과학을 공부하며 인공지능 개발의 해답을 구했다. 첨단 기술 개발의 최전선에 서 있는 그는 무엇보다 인간과 윤리를 우선으로 여긴다. 그는 2016년 한국과학기술원KAIST에서 열린 초청 강연에서 "인공지능은 실험실의 조수처럼 활용하고, 최종 결정은 인간이 내려야 한다."라고 말했다. 그의 이야기처럼, 미래 시대 우리가 나아가야 할 방향은 다름 아닌 '사람'을 향하는 것이다.

인공지능 '알파고'의 아버지

데미스 하사비스는 영국의 인공지능 개발자이자 컴퓨터 게임 설계자이며, 구글 딥마인드의 창업자다. 2016년 천재 바둑기사 이세돌 9단을 꺾었던 인공지능 '알파고'를 개발한 것으로도 유명하다.

하사비스는 주로 게임과 인공지능 분야에서 활약했다. 어린 시절부터 프로그래밍을 공부한 그는 '리퍼블릭: 더 레볼루션Republic: The Revolution', '이블 지니어스Evil Genius' 등의 게임 개발자였다. 특히 '블랙 앤 화이트'라는 게임을 개발할 때 인공지능 디자이너로 참여하면서 이 분야에 관심을 갖기 시작했다. 2005년부터 인공지능 개발에 뛰어든 그는 딥마인드라는 회사를 세웠다. 딥마인드는 2014년 구글에 인수되었는데, 바로 여기서 인공지능 바둑 프로그램인 알파고가 탄생했다.

사람에 대한 탐구심, 인공지능 개발로 이어지다

데미스 하사비스는 미국 IT 잡지 와이어드Wired와 가진 인터뷰에서 어린 시절을 회상하며 이렇게 말했다.

> "나의 뇌는 어떻게 말의 움직임을 생각해낸 것일까? 자연스럽게 이런 의문을 갖기 시작했다. 그렇게 나는 '생각'에 대해 생각하기 시작했다."

누구나 인간이 말하고 생각하는 것을 당연하다고 여기기 마련인데, 하사비스는 어려서부터 지능의 본질에 대해 근본적인 질문을 던진 것이다. 그가 천재 개발자로 성장할 수 있었던 것은 인간과 지식에 대한 호기심 때문 아닐까?

하사비스의 지적 탐구심은 게임으로 이어졌다. 네 살 때 아버지에게 체스를 배운 그는 불과 열세 살에 세계 유소년 체스 대회 2위에 오를 만큼 실력이 뛰어났다. 여덟 살 때 체스 대회에서 상금을 탄 그는 컴퓨터를 사서 프로그래밍을 독학했는데, 이는 컴퓨터와 게임 개발에 푹 빠지는 계기가 되었다.

하사비스는 대학에 진학하지 않고 게임 회사에 취직해 게임 개발자로 일했다. 학교 대신 직업 현장을 선택한 것이다. 일을 하면서 컴퓨터 게임을 체계적으로 배우기로 마음먹은 그는 케임브리지대학교 컴퓨터공학과에 진학했다.

이후 인공지능에 관심을 갖게 된 하사비스는 먼저 사람의 뇌를 이해하는 것이 중요하다고 보았다. 이에 뇌과학 분야의 최고 대학인 영국 유니버시티 칼리지 런던University College London에서 '인지신경과학'을 전공해 박사 학위를 받았다. 그는 기억과 상상이 뇌의 같은 부분에서 생겨난다는 것을 발견했다. 사이언스지는 이를 2007년 세계 10대 과학 성과 중 하나로 꼽았다.

인간을 중심으로 생각하는 '디자인 싱킹'

하사비스가 주로 개발한 게임은 이야기가 있는 전략 시뮬레이션 컴퓨터 게임이었다. 이러한 게임을 만들려면 개발 실력이 좋은 것만으로는 부족하다. 게임 속 세계관과 시나리오를 분명하게 이해하고 창의적으로 구현해, 게임 이용자들의 재미와 감성을 불러일으켜야 한다. 무에서 유를 창조하기 위해서는 역사나 문학, 예술 등 다양한 분야의 이해를 바탕으로 통합적으로 사고하는 것이 중요하다.

이처럼 문제 해결을 위해 폭넓게 살펴보고 통합적으로 접근하는 것을 '디자인 싱킹Design Thinking'이라고 한다. 캐나다 토론토대학교의 로저 마틴 교수는 디자인 싱킹이란 직관적 사고나 분석적 사고 중 어느 한쪽이 아니라, 통합적으로 접근하는 사고법이라고 밝혔다.

디자인 싱킹은 사용자가 무엇을 원하고 필요로 하는지 공감하는 것에서 시작되는 만큼 '인간 중심 디자인 방법론'이라고도 불린다. 하사비스는 '블랙 앤 화이트'라는 게임을 개발할 때 인공지능 디자이너로 참여했다. 블랙 앤 화이트는 사용자가 신이 되어 세상을 지배하는 게임이다.

> "완벽한 세상에서 사람들은 신을 필요로 하지 않는다. 그러나 완벽한 세상이란 존재할 수 없다. 언젠가 사람들이 곤경을 겪거나 절망에 빠지게 되면 결국 하늘에 기도를 올릴 것이다."

이런 이야기로 시작하는 블랙 앤 화이트는 사용자가 신이 되어 섬에 거주하는 인간들의 문명을 발전시키는 게임이다. 이때 하사비스가 개발한 인공지능 '크리처'가 게임의 재미를 더하는 요소로 작용한다. 크리처는 게임 속의 주민들과 함께 살아가는 거대한 동물로, 신을 따라 기적을 행사하거나 마을을 보호하는 등 다양한 방법으로 사용자를 돕는다. 사용자는 인공지능이 올바른 판단을 내리도록 가르쳐야 한다. 잘못 가르치면 인간들을 잡아먹거나 실수로 마을을 파괴하기 때문이다. 게이머는 크리처를 혼내거나 칭찬하면서 잘잘못을 구분해 주어야 한다.

여기서 인공지능 크리처는 사용자가 어떻게 길들이느냐에 달려 있다. 이것이 이 게임에서 재미를 더한다. 이때 단순히 재미를 더하기 위해 인공지능을 만능으로 만들면 인간이 설 자리가 없다. 이와 같이 인공지능 시대의 게임에서도 인간에 대한 깊은 이해가 무엇보다 중요하다. 하사비스는 인공지능 시대에 인간이 인공지능을 조종하는 게임을 구현한 것이다.

기술이 향하는 방향은 '인간과 윤리'

구글은 하사비스가 세운 회사 딥마인드의 가치를 알아보았다. 2014년 구글은 약 4억 달러(한화 약 4,322억 원)의 거금을 들여 이 회사를 인수했다. 하사비스는 회사를 매각하면서 구글에 세 가지를 요구했다. 첫째는 연구 자율권을 100% 보장해 달라는 것이었고, 둘째는 영국 런던에 있는 본거지를 옮기지 않겠다는 것이었다. 마지막으로 구글 사내에 '인공지능 윤리 위원회'를 설립해 달라고 요구했다.

하사비스는 인공지능 윤리 위원회를 만들어 달라고 한 이유에 대해 "기술을 만들어내는 과학자들의 책임이 중요하기 때문이다. 어떤 기술을 개발할 때는 그 기술이 어떤 파장을 가지고 올지 반드시 고려해야 한다. 기술 자체는 중립적이지만, 인간이 어떻게 사용하느냐에 따라 좋고 나쁠 수 있기 때문에 윤리가 중요하다."라고 밝혔다. 기술의 본질은 사람을 위한 것이므로, 기술을 개발할 때는 윤리 의식을 최우선으로 두어야 한다는 그의 가치관을 엿볼 수 있다.

앞으로 우리는 인공지능과 상호 작용하는 세상에서 살아갈 것이다. 인간과 기술이 조화를 이루는 사회를 만들려면 끊임없이 질문을 던지는 것이 중요하다. "사람을 위한 기술은 과연 무엇일까?", "이 기술을 어떻게 사용하는 것이 옳을까?", "이 기술이 일으킬 문제점은 없을까?" 등의 질문을 해야 하는 것이다. 이러한 질문은 인간을 위한 '인문학'을 바탕으로 두어야 한다.

프랑스 사상가인 장 보드리야르는 인공지능 시대에 '인류의 사라짐'을 우울하게 전망한 바 있다. 크리처와 같은 인공지능은 가상 게임을 넘어 현실에서 마주하게 될 인간의 미래인지도 모른다. 4차 산업혁명 시대에 인간과 인공지능이 공존하기 위해서는 하사비스와 같은 인문학적 질문을 나침반 삼아야 하지 않을까?

하사비스의 인문학 공부 습관 _____

① 게임을 즐기면서 게임의 각 요소가 어떻게 만들어졌는지 생각하라

② 역사·문학·예술 등 다양한 분야에 폭넓은 관심을 가져라

③ 사람들이 무엇을 필요로 하는지 먼저 공감하라

④ 인문학적 관점에서 기술이 나아가야 할 길을 탐색하라

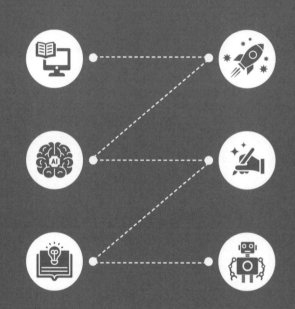

미래 경쟁력을 위해
꼭 읽어야 할 인문 고전 8선

세계를 놀라게 한 혁신가들이 인문학을 바탕으로 성장했고, 인문학과 기술을 융합해 남다른 업적을 이루었다면 이제는 이 책을 읽는 독자들도 인문학을 바탕으로 발돋움할 차례다.

그렇다면 인문학 공부는 어떻게 시작해야 할까? 2부에서는 청소년기에 꼭 읽어야 할 인문 고전 8선을 소개한다. 선정한 작품들은 인간의 사상과 사회체계, 문화를 이루는 데 근간이 된 작품으로 오늘날에도 여전히 시사하는 가치가 크다.

인문학에 담겨 있는 수많은 이야기들은 청소년들에게 꿈을 키우고 생각을 넓히는 자양분을 제공해 주면서, 미지의 세계로 나아가는 인생의 등대 역할을 해줄 것이다.

①

정의를 택하는 것은
이득이 될까?

플라톤, 『국가론』

영국의 철학자 화이트헤드는 "서양 철학은 플라톤 철학의 주석에 지나지 않는다."라고 말했다. 실제로 우리가 철학을 다루며 흔히 사용하는 '정의', '존재', '이상' 등의 용어와 개념을 정립한 사람이 플라톤이다.

플라톤이 오늘날에도 중요한 철학자인 이유는 그가 던진 물음 그 자체에 있다. 정의롭지 못한 사회에서 살아갈수록 정의란 무엇인지, 왜 우리 사회는 정의롭지 못한지 의문을 갖는 것은 당연하다. 올바른 삶이란 어떤 것인지, 이 시대를 사는 나 자신은 어떻게 행동해야 하는지 고민하기 마련이다. 플라톤은 이러한 물음에 대해 처음으로 이론과 기틀을 마련하고 논리적인 해답을 구한 철학자다. 그의 사상은 『국가론』을 통해 지금까지 전해지고 있다.

올바르게 사는 것은 무엇일까?

수년 전 하버드대학교의 마이클 샌델 교수가 쓴 『정의란 무엇인가』라는 책이 큰 화제를 모으고 인기를 끌었다. 샌델에 따르면 정의를 고민하는 방식에는 행복, 자유, 미덕이 있다. 이를 바탕으로 샌델은 '행복을 극대화하는 것이 정의'라는 이론, '자유를 추구하는 것이 정의'라는 이론, '미덕, 즉 좋은 삶이 정의'라는 이론을 다뤘다. 이 가운데 세 번째 이론인 덕에 따른 정의의 실현을 처음으로 주장한 사람이 바로 플라톤이다.

플라톤의 정의론은 그의 스승 소크라테스로부터 출발했다. 소크라테스의 "너 자신을 알라."는 말은 누구나 한 번쯤은 들어본 문구다. 이 말은 무지에 대한 자각을 일깨우는데, 인간의 이성과 정신을 중시하는 서구 사상의 기반이 되었다.

당시 그리스의 철학자들은 만물의 생성 원인이 물질에 있다고 생각했는데, 소크라테스는 만물의 근원이 '정신'에 있다고 믿었다. 당시 아테네 시민과 제자 플라톤에게 소크라테스는 살면서 가장 중요한 것은 진리를 깨우치는 일이며, 참된 진리는 '올바른 삶', 즉 정의를 실천하는 데 있다고 가르쳤다. 또한 육체는 죽어도 영혼은 죽지 않는다고 보았다.

불변하고 영원한 영혼의 세계에 대한 소크라테스의 학설은 제자인 플라톤에게 이어졌다. 소크라테스의 사상은 플라톤과 아리스토텔레스가 쓴 책을 통해 잘 알려져 있다. 플라톤은 스승의 철학을 계승했다. 그는 『국가론』에서 최고의 선을 행하는 것이 가장 올바른 삶이고 정의로운 삶이라고 주장했다.

소크라테스의 죽음 이후 플라톤은 여러 학자들을 만나면서 그 유명한 '이데아Idea'론을 만들어 갔다. 스승인 소크라테스가 추구했지만, 명확하게 정의하지 않았던 절대적인 진리를 이데아라는 개념으로 구체화한 것이다.

이데아란 완전한 사물의 본질이자 원형으로, 시간에 따라 변하거나 사라지지 않는다. 우리가 일상에서 보는 사물들은 이데아를 모방한 것에 지나지 않는다. 진정한 지식은 이성을 통해 이데아를 알았을 때 얻을 수 있다.

왜 철학자가 나라를 다스려야 할까?

이데아는 구체적인 사물뿐만 아니라 정의와 선^善처럼 추상적인 개념에도 존재한다. 어떤 행동이 정의로운지 아닌지는 이익을 따지거나 투표를 통해 정할 수 있는 것이 아니다. 그 행동이 정의로움의 이데아를 따르고 있는가, 그렇지 않은가에 따라 옳고 그름이 결정된다. 마찬가지로 국가도 유익함과 올바름의 이데아, 곧 '선의 이데아'를 알고 있는 사람이 통치해야 정의로워진다.

선의 이데아를 가장 잘 아는 사람은 누구일까? 바로 철학자다. 플라톤은 자신의 이익밖에 모르는 어리석은 다수가 통치하는 사회는 결코 정의롭지 않고 타락한다고 보았다. 플라톤은 올바름의 이데아를 알고 있는 철학자가 나라를 다스릴 때, 비로소 사회가 정의로울 수 있고 이상 국가에 다다른다고 주장했다. 플라톤의 이런 생각을 '철인 정치'라 한다.

플라톤은 '동굴의 비유'를 통해 이 과정을 구체적으로 설명했다. 한 죄수가 동굴 밖의 세계를 본 뒤, 다시 동굴 안으로 돌아왔다고 가정하자. 그 죄수는 다른 사람들도 동굴 밖 빛의 세계를 만날 수 있도록 이끌다가 죽음에 처한다. 여기서 동굴 밖 빛의 세계는 '선의 이데아'에 해당한다. 무지를 일깨우고 빛의 세계로 이끌려다 죽음을 맞이한 죄수는 스승 소크라테스를 비유하는 것이기도 하다.

소크라테스의 죽음은 플라톤에게 큰 충격으로 다가왔을 것이다. 플라톤은 가장 정의로운 자신의 스승에게 사형 선고를 내린 아테네 민주주의에 회의감을 느꼈을지도 모른다. 그에게 아테네 민주주의는 '어리석은 다수의 어리석은 통치'처럼 보였을 것이다. 따라서 그는 철인 정치를 주장하며, 철인이 '선의 이데아'를 실현할 수 있다고 보았다.

플라톤은 모든 진리와 가치의 기준이 되는 것을 이데아라고 정의했다. 이데아는 신과 같이 인간의 이성으로는 증명할 수 없으며, 물질적인 세계를 초월해 존재한다. 우리가 흔히 신에 대해 이야기할 때, 신은 우리가 사는 현실이 아닌 천국과 같은 이상적인 곳에 있다고 한다. 하지만 그 누구도 천국이 있다는 것을 설명하거나 증명하지는 못한다. 천국은 인간이 만들어 낸 상상의 산물이지, 실제로 존재하는 누군가가 만든 것이 아니다. 다만 천국이라는 초월적인 세계가 있을 것이라고 생각할 뿐이다.

이데아의 세계도 마찬가지다. 플라톤은 이데아가 현실에 존재하지 않고, 눈에 보이지 않는 초월적 세계에 존재한다고 주장했다. 그리고 이 세상에 존재하는 것은 그 이데아의 모방품으로 보았다. 따라서 인간은 이데아라는 이상을 위해 살아가야 한다고 말했다. 마치 신의 존재를 믿고 신이 만든 이상적인 공간인 천국으로 가기 위해 노력하는 것과 비슷하다.

이데아는 현실이 존재하는 근거이자 인식의 근거이며, 가치의 근거라는 이상주의적 개념이다. 따라서 플라톤이 주장하는 철인 정치는 이상 국가의 원형이다. 철인이 이루고자 하는 것은 덕에 의한 정의의 실현, 즉 '선의 이데아'다.

정의를 지키는 것이 손해는 아닐까?

플라톤이 『국가론』을 통해 이야기한 '덕에 기초한 정의의 실현'은 소크라테스가 죽음과 맞바꾼 이상 국가론의 핵심이었다. 우리 사회에서는 흔히 "정의는 강자 편"이라고 말하곤 하는데, 고대 그리스 시대에도 이와 같은 생각을 한 청년이 있었다. 『국가론』에서 소크라테스와 그 청년의 문답을 살펴볼 수 있다.

소크라테스와 정의에 대해 논쟁을 벌인 청년 트라시마코스는 정의란 강자에게 이익이 될 뿐, 그 외에는 아무것도 아니라고 주장했다. 그는 정의란 약자에게는 손해일 뿐이라고 말했다. 그는 확실하게 부정의를 행하는 것이야말로 정의를 행하는 것보다 더욱 강하고 자유로운 것이라고 주장하면서, 부정의를 저지른다면 더 크게 저지르는 것이 좋다고 했다.

그의 말을 요약하면 정의란 강자의 이익에 지나지 않으며, 힘센 자들이 자신들의 행동을 정당화하기 위한 명분으로 정의를 내세운다는 것이다.

사실 트라시마코스의 말에 담긴 정치적 태도는 현대 사회에서도 쉽게 찾아볼 수 있다. 우리나라에서도 박정희 전 대통령의 '5.16 군사 정변'이나 전두환 전 대통령의 '12.12 사태'처럼 군대를 동원해 무력으로 정권을 빼앗는 쿠데타가 있었다. 이러한 쿠데타는 실패하면 반역으로 몰리지만, 성공하면 새로운 권력이 된다. 오늘날 두 사건은 쿠데타로 규정되고 있지만, 당시에는 쿠데타(무력으로 정권을 빼앗아 정통성을 인정받지 못하는 군사 정변)가 아닌 혁명(정통성을 인정받는 권력 변동)이라고 불렸다.

트라시마코스는 이론상으로는 올바르게 사는 것이 좋다고 하더라도, 현실은 전혀 그렇지 않기 때문에 부정의가 정의보다 강하다고 말한 것이다. 사람들은 입으로는 정의가 좋다고 말할지 모르지만, 실제로는 올바르게 사는 것이 손해라고 생각하기 때문에 정의롭게 살려고 하지 않는다는 것이다.

이처럼 정의는 강자에게는 이익이지만 약자에게는 손해라는 트라시마코스의 주장을 소크라테스는 어떻게 반박했을까? 소크라테스는 통치술과 의술을 예로 들며 반론했다.

어떤 기술이든 그것은 기술을 발휘하는 당사자가 아닌, 그 기술의 대상이 되는 사람에게 이익을 준다. 예를 들어 강자의 위치에 있는 정치가의 통치술은 원칙상 그 자신이 아닌 피지배자, 약자인 국민의 이익에 봉사하는 것이다. 의술이 의사 자신이 아닌 환자에게 이익을 주는 것과 마찬가지다. 의술이 의사 자신에게 이익을 가져다주지 않기 때문에, 의사는 그 대가로 진료비를 받는 것이다.

따라서 통치자가 정의라는 이름으로 행하는 통치술은 강자에게 이익을 주는 것이 아니라 약자에게 이익을 가져다주는 것이다. 이에 따라 소크라테스는 정의가 강자에게는 이익이고 약자에게는 손해라는 주장은 옳지 않다고 말했다.

"어떤 기술이나 지배도 기술자나 지배자 자신을 위해 이익을 가져오는 것이 아니라, 피지배 측에 이익을 가져온다는 것일세. 즉, 약자의 이익을 수호하는 것이며 결코 강자의 이익을 수호하는 것이 아니네."

이에 트라시마코스는 "세상 사람들은 결코 소크라테스의 말을 믿지 않을 것"이라는 태도를 보였다. 트라시마코스의 입장에서 소크라테스의 주장은 이론상으로는 그럴듯해 보이지만 세상 물정을 모르는 철없는 사람이 비현실적으로 하는 이야기에 불과했던 것이다. 우리가 흔히 이야기하는 '유전무죄 무전유죄'가 바로 트라시마코스의 논리를 대변하는 말일 것이다. 유전무죄 무전유죄란 돈이 있으면 무죄로 풀려나지만, 돈이 없으면 유죄로 처벌받는다는 뜻이다.

소크라테스와 플라톤이 살던 고대 그리스에는 보복과 폭력이 만연하고 있었다. '보복주의'는 고대 그리스의 전통이었다. 보복주의란, 피해자가 입은 피해와 같은 정도의 손해를 가해자에게 가한다는 것이다. 하지만 소크라테스는 보복주의를 반대하면서 이러한 행위는 결코 정의가 아니라고 주장했다. 소크라테스는 당시 그리스 사람들이 정의와 반대되는 생각을 정의로 잘못 알고 있다고 말했다.

소크라테스의 가르침을 받은 플라톤은 『국가론』에서 "자신에게 해를 입힌 악한 사람에게도 선을 베푸는 것이 정의다."라고 주장했다. 상대방이 나에게 손해를 끼치고 폭력을 가했다 하더라도, 상대방에게 똑같은 손해를 입히고 보복하는 것은 결코 정의가 아니라는 것이다.

그러나 우리가 사는 사회에서나 국제적인 상황에서도 이러한 보복이 여전히 행해지고 있는 것이 현실이다. 이스라엘과 팔레스타인간에 벌어지는 보복 폭력이 대표적이다. 이스라엘은 팔레스타인 시민들의 목숨을 희생시키면서도 그것이 정의의 실현이라고 말한다. 플라톤의 정의에 따르면, 이러한 보복 폭력은 결코 정의에 해당하지 않는다.

김영삼 전 대통령은 "성공한 쿠데타든 실패한 쿠데타든, 쿠데타는 쿠데타다."라고 규정하며 법을 제정해 전두환 전 대통령을 처벌했다. 김영삼 전 대통령의 5.18 특별법은 플라톤의 정의론에 가까운 처벌이다. 군사 정변이 부정의 중에서 가장 큰 부정의에 해당한다고 본 것이다.

정의란 무엇일까?

소크라테스는 정의를 실현하는 데 봉사하는 '통치자의 딜레마'를 언급했다. 소크라테스에 따르면 진정한 리더의 자격을 갖춘 사람은 리더가 되지 않으려고 하는 반면, 리더로서 자질이 모자라는 사람일수록 한사코 리더가 되려고 한다.

통치자로서 자격을 갖춘 사람은 리더의 일이 얼마나 힘들고 어려운지 잘 알기 때문에 선뜻 리더가 되려고 하지 않지만, 자격이 부족한 사람은 리더에게 주어지는 보수와 명예, 때로는 부당하게 권력을 행사하고 부정의한 돈을 갈취할 목적으로 리더가 되려고 한다는 것이다.

우리 사회에서도 자질이 모자라는 국회의원들을 흔히 볼 수 있다. 많은 국민이 정치를 외면하고 부정적인 시선을 보내는 이유는 리더로서 부적합한 사람이 국민을 대표하려고 하기 때문일 것이다.

트라시마코스가 "부정의가 더 강력하고 이익을 가져다준다."라고 주장하자, 소크라테스는 "부정의는 대립과 갈등, 증오를 유발한다는 점에서 조화와 협력, 질서를 가져오는 정의보다 강할 수 없다."라고 맞섰다. 소크라테스는 모든 사물에는 각각의 고유한 기능이 있어서 그 기능의 최고 상태Arete를 가정해 볼 수 있다며, 올바른 영혼을 가진 사람은 훌륭하게 살지만 바르지 못한 영혼을 가진 사람은 훌륭하게 살 수 없다고 주장했다.

소크라테스는 "올바름(정의)의 이상은 올바름을 추구하는 그 사람의 마음 안에 자리하고 있고 그것은 또한 하늘에 '본'으로 바쳐져 있다."라고 강조했다. 이와 동시에 올바른 삶이란 우리 자신을 초월한 이상으로 존재하고 있음을 역설적으로 드러낸다. 이러한 스승의 영향을 받아 플라톤은 통치자의 딜레마를 해결하기 위해서는 정의의 이상을 추구하고, 올바른 영혼을 가진 철인이 통치해야 한다는 철인 정치를 주창한 것이다.

플라톤은 인간의 영혼을 '욕구(감성)', '기개(의지)', '이성' 등 세 요소로 나누고, 이러한 개념을 다시 이상 국가에 적용했다. 욕구의 덕으로써 절제를 추구하는 사람들(생산자)은 돈을 벌고, 기개의 덕으로써 용기(명예)를 추구하려는 집단(수호자)은 공동체를 지키며, 이성의 덕으로서 지혜를 추구하는 철학자(통치자)는 통치를 해야 한다고 주장했다.

플라톤은 기개와 욕구는 복종의 원리고 이성은 지배의 원리라고 보았다. 즉, 생산자와 수호자 집단이 통치자에게 복종함으로써 조화와 질서가 이루어질 때 정의가 실현된다는 입장이었다. 인격과 지혜를 갖춘 철인 왕의 통치 아래, 각 계층의 사람들이 각자의 덕을 발휘하여 조화를 이루어야 정의가 실현되는 이상 국가를 만들 수 있다는 것이다. 플라톤은 이들 세 계급은 개인적인 목적을 위해서 일하면 안 되고, 진리와 선을 실현해야 한다고 주장했다. 모든 사회 구성원이 정의가 넘치는 이상 국가를 위해 일해야 한다는 것이다.

플라톤은 철인 왕이 나라를 다스려야 사회 구성원 각자가 영혼의 조화를 이룰 수 있는 환경이 조성된다고 믿었다. 이를 위해 교육의 중요성을 언급했다. 그는 『국가론』에서 "교육의 목적은 소년들이 지배하는 방법과 지배에 복종하는 방법을 아는 완전한 시민이 될 수 있도록, 이를 열망하는 덕성을 개발하는 것이다."라고 주장했다. 플라톤은 소크라테스의 입을 빌려 "올바른 사람, 올바른 삶이 무엇인지는 그런 사람을 기르는 교육에 따라 규정된다."라고 말했다.

도덕이란 어떤 상황에서든 지켜야 하는 것

『국가론』에서 소크라테스는 "악을 행하는 행위, 악을 악으로 갚는 행위는 결코 정의로운 행위가 아니다."라고 말했다. 정의로운 인간이란, 친구에게 선을 베풀고 자신에게 해를 입힌 사람에게도 선을 베풀어 적을 친구로 만들고자 하는 인간이라고 했다. 이는 성경에서 "한쪽 뺨을 맞으면 다른 쪽 뺨도 내주어라."라는 말과 유사하다.

이것이 바로 플라톤이 『국가론』에 담은 도덕의 절대주의다. 어떠한 일이 있어도 도덕은 반드시 지켜져야 한다는 말이다. 내가 손해를 보아도, 자신에게 아무런 이익을 주지 않아도 도덕은 지켜져야 한다는 것이다.

이문열의 소설 『우리들의 일그러진 영웅』에서 엄석대의 행동은 트라시마코스가 말한 강자의 정의를 떠올리게 한다. 엄석대는 힘이 센 강자를 상징한다. 엄석대는 선생님들에게 공부도 잘하고 반 아이들을 잘 챙기는 모범생으로 알려져 있다. 하지만 사실은 폭력과 권력으로 반 아이들에게 군림하는 나쁜 인간의 전형이다. 엄석대는 힘으로 급우들을 굴복시키고, 대리 시험도 버젓이 일삼는다. 결국 6학년 때 새로운 담임 교사의 예리한 눈썰미로 인해 나쁜 행동이 들통난다. 엄석대는 교실 문을 열고 뛰쳐나간 후 학교 밖에서 아이들을 상대로 주먹질을 일삼다가 종적을 감춘다.

만약 엄석대와 같이 힘으로 군림하는 학생들이 학교 정의의 수호자라면, 학교에는 정의가 실종되고 부정의가 판을 칠 것이다. 엄석대는 부정의를 행하면서 강자의 정의를 내세우지만, 결국 탄로가 난다.

엄석대는 트라시마코스가 말한 강자의 정의에 해당한다. 우리 주변에서도 힘을 앞세우면서 자신의 이익을 관철하려는 이들이 있다. 이는 트라시마코스가 말한 강자의 이익에 봉사하는 정의다. 플라톤은 도덕의 절대주의를 주장하며 트라시마코스의 정의를 논박했다. 플라톤은 자신에게 이익이 돌아오지 않더라도 도덕을 지키는 것이 정의라고 주장했다.

아리스토텔레스가 "인간은 정치적 동물이다."라고 했듯이, 인간은 사회를 떠나서 살아갈 수 없다. 사회는 수많은 사람들로 구성되어 있고 사람들은 서로 더 많은 이익을 차지하기 위해 노력하고 경쟁한다. 이때 엄석대처럼 힘이나 권력이 센 사람이 더 많은 이익을 차지하려고 한다면 어떻게 될까? 결국 강자가 이익을 독차지하게 될 것이다.

한 사람만이 그렇게 한다면 크게 문제되지 않을 수도 있을 것이다. 하지만 모든 사람이 힘이나 권력을 이용해 이익을 독차지하려 한다면, 우리 사회는 불법을 저질러도 힘 있는 자만이 살아남는 '강자 독식 사회'가 되어 혼란스러워질 것이다. 이러한 약육강식의 사회가 되지 않으려면 사회적으로 통용되는 도덕적 가치를 정립해야 하는데, 플라톤은 이를 '정의'라고 불렀다.

플라톤이 생각하는 정의는 훗날 칸트가 도덕 법칙으로 말한 '정언 명령'으로 이어졌다. 칸트에 따르면, 도덕적 행위는 이성적인 인간이라면 무조건 실행해야 하는 '의무'다. 즉, 도덕 법칙이란 인간 이성이 선善의 이념에 따라 자기 자신에게 강제적으로 부과하는 규범으로, 무조건 지켜야 하는 명령이다. 이익이 되면 지키고, 이익이 되지 않으면 지키지 않아도 되는 것이라면 결코 도덕이 아니다. 어떠한 상황에서든 지켜야 하는 것이 바로 도덕이다.

『국가론』
깊이 읽기

1. 플라톤은 왜 철인 정치를 주장했을까?

플라톤이 살던 시대에는 아테네와 스파르타가 싸운 펠로폰네소스 전쟁이 열렸다. 아테네 민주정이 타락하는 바람에 다수에 따른 어리석은 정치가 이루어지기도 했고, 소수의 부유 계층이 영향력을 행사하거나 자격이 없는 사람이 독재를 하는 등 혼란스러웠다. 즉, '힘'으로 정의를 실현하려던 시기였다. 플라톤이 이상 국가와 철인 정치의 바탕이 교육에 있다고 강조한 것은 이러한 시대적 상황을 개선하기 위한 것으로 보인다.

플라톤에 따르면, 철인을 만들기 위한 교육은 여섯 살부터 시작해 쉰 살까지 계속된다. 철인이 되기 위해서는 스무 살과 서른 살에 각각 시험을 통과해야 한다. 쉰 살이 되어 완성의 경지에 달한 자가 통치자이자 철인이 된다.

플라톤의 주장에 따르면, 통치자는 재산을 소유할 수 없고 여성은 남자와 동등한 교육을 받아야 한다. 지배층의 재산 소유 금지는 오늘날 우리 사회의 위기를 떠올려 보면 시사하는 바가 크다. 다만 플라톤의 철인 정치는 인류 역사상 한 번도 실현된 적이 없다.

플라톤의 철인 정치는 중국 역사에서 힘의 논리가 좌우하던 전국 시대에 맹자가 '인정仁政'을 통한 왕도 정치를 주장한 것과 비슷하다. 플라톤은 맹자보다 50여 년 먼저 태어나 거의 동시대를 살았다. 비슷한 시기에 동양과 서양은 정치적 혼란기를 겪었던 것이다.

힘의 논리가 지배하는 시대에 맹자가 인의仁義, 즉 어짊과 의로움을 추구하는 왕도 정치를 주장한 것처럼, 플라톤은 올바른 삶과 철인 정치를 강조했다. 모두가 트라시마코스와 같이 강자의 이익이 정의라고 부르짖을 때, 이성이 지배하는 '고상한 정치'를 내세웠던 것이다. 비록 플라톤의 철인 정치나 맹자의 왕도 정치는 이상적인 정치로 현실에서 실현하기란 거의 불가능하지만, 진정한 정의와 도덕이 무엇인지를 시사한다.

2. 플라톤은 왜 시인을 추방하자고 했을까?

플라톤은 철인을 키우기 위한 교육에서 '시'는 방해가 된다고 보았으며 '시인 추방'을 주장했다. 이 부분은 이후 플라톤의 최대 오점으로 간주되기도 한다. 그의 주장에 따르면 시인은 부도덕하고 무가치한 대상을 모방하고, 시는 실재로부터 떨어진 '모방(현실)의 모방'에 불과하다. 시는 진리의 세계로 나아가는 데 도움이 되지 못한다는 것이다. 플라톤은 시가 감정을 자극하고 이성을 마비시켜 갈 길을 방해한다고 주장했다.

플라톤이 교육에 도움이 되지 않는다며 시를 배척한 기준은 '유용성'이었다. 올바른 사람과 올바른 삶이 무엇인가는 그런 사람을 기르는 교육에 따라 좌우되는데, 시는 올바른 삶으로 이끄는 데 유용하지 않다는 주장이다. 시인이 묘사하는 왕은 가짜 왕을 다시 모방한 왕인 셈이다. 시인들이 묘사한 왕은 진짜 왕과 진리로부터 세 번째인 왕이다. 그러므로 시인은 진리로부터 세 번째가 되는 환상에 대한 장인일 뿐이다.

> "시인은 모방자네. 다른 모방자와 마찬가지로 진리로부터 세 곱절이나 멀리 떨어져 있는 걸세."

플라톤은 시인이 묘사하는 말들은 모두 거짓이라고 강조했다. 시인이 하는 말은 '고상한 거짓말'이 아니라 '타락한 거짓말'일 뿐이며, 이런 거짓말을 전달하는 시인은 추방되어야 한다고 말했다. 플라톤은 그리스의 서사 시인 호메로스가 쓴 『일리아스』를 집중적으로 거론하며, 영혼을 나쁘게 전염시키는 허구적 요소는 가르치지 않아야 한다고 강조했다.

플라톤의 젊은 시절 꿈은 시인이었다. 아이러니하게도 시인을 꿈꾸었던 플라톤이 시를 가르치지 말아야 한다는 '시인 추방'을 주창한 것이다.

역사적으로 이와 비슷한 사건은 모든 유가 사상을 담은 책을 불태우라고 한 진시황의 '분서갱유'를 들 수 있다. 분서갱유란 공자의 사상이 담긴 책을 불사르고 그러한 사상을 주장하는 학자들을 생매장한다는 의미다. 이는 표현(언론)의 자유와 사상의 자유를 극도로 억압하는 것을 상징한다.

2

행복해지는 방법은
무엇일까?

아리스토텔레스, 『니코마코스 윤리학』

인간은 누구나 행복한 삶을 꿈꾸고 바란다. 하지만 행복이 무엇인지 묻는다면 선뜻 답하기가 어렵다. 아리스토텔레스의 『니코마코스 윤리학』은 행복이 무엇인지, 어떻게 행복에 도달하는지, 그 과정에서 필요한 것이 무엇인지 끈질기게 묻고 답을 향해 파고드는 고전이다.

『니코마코스 윤리학』은 2,350여 년 전에 쓰였지만, 오늘날 거론되는 서양의 모든 행복론을 담고 있다. '선'의 실천을 중시하는 서양 철학에서는 은혜, 관용, 베풂 등이 유난히 자주 거론된다. 『니코마코스 윤리학』은 키케로의 『의무론』에 영향을 주었는데, 『니코마코스 윤리학』이 은혜를 강조하듯이 『의무론』은 베푸는 것에 대해 주로 이야기했다.

인간은 사회 속에서 행복하다

아리스토텔레스는 "인간은 정치적 동물이다."라는 명제로 우리에게 널리 알려진 서양의 대표 철학자다. 이러한 말을 남긴 것에서 알 수 있듯이, 아리스토텔레스는 더불어 살아가는 사회 속에서 참다운 존재를 찾고자 했다.

아리스토텔레스는 인간의 궁극적인 목적은 행복이라고 주장했다. 그의 행복론에 따르면, 행복은 사회와 다른 사람과의 관계 속에서 추구할 수밖에 없다. 사람이 살지 않는 산속에 은둔해서 혼자만의 행복을 추구하는 것은 진정한 행복으로 보지 않았다.

아리스토텔레스는 개인은 사회 및 국가와의 관계 속에서 선(덕)의 실천을 통해 행복할 수 있다고 강조했다. 플라톤의 제자였던 아리스토텔레스는 영혼과 초월적 세계(이데아)를 인정하지 않았지만, 플라톤과 마찬가지로 이성에 기반을 두면서 선(덕)의 실천을 최고의 가치로 두었다.

옛말에 "덕을 쌓아야 한다."라는 말이 있다. 옛 선조들은 다른 사람들에게 덕을 베풀면 행복해지고 나아가 세상의 명예를 얻는다고 여겼다. 『소학』에는 '적선지가 필유여경積德之家 必有餘慶'이라는 말이 나오는데, 덕을 쌓은 집은 반드시 훗날 경사스러운 일을 맞는다는 뜻이다. 경사스러운 일을 맞는 것만큼 행복한 일은 없다.

경사스런 일, 행복한 일이 일어나려면 어떻게 해야 할까? 먼저 다른 사람에게 좋은 일을 해야 한다. 아리스토텔레스는 사람이 행복하기 위해서는 먼저 다른 사람들에게 덕을 베풀어야 한다고 주장했다.

행복이란 '중용'과 '관조'

『니코마코스 윤리학』의 첫 장에는 이런 문장이 나온다. 아리스토텔레스의 주장에 따르면 행복은 덕을 실천해야 얻을 수 있다.

"모든 기예Techne와 탐구, 모든 행위와 선택은 선(좋음)을 지향한다. 따라서 모든 것은 선을 목표로 한다는 주장은 옳다."

아리스토텔레스는 인간의 고유한 품성과 지성을 탁월하게 발휘하는 것이 최고의 선이자 행복이라고 말했다. 이때 행복이란 무엇을 위한 수단이 아니라, 그 자체가 목적이 되는 것이다.

행복이 완전한 덕에 따른 것이라면 덕의 본성은 무엇일까? 덕의 본성을 알아야 행복에 대해 알 수 있다. 여기서 살펴볼 덕은 '인간의 덕'이다. 인간의 덕이란 신체의 덕이 아니라 '정신의 덕'을 의미한다. 정신의 덕은 '지적인 덕'과 '도덕적인 덕'으로 구분된다. 철학적 지혜나 이해력은 지적인 덕이고, 너그러움이나 절제는 도덕적인 덕이다.

덕이 있는 사람이 되기 위해서는 어떻게 해야 할까? 아리스토텔레스는 정념, 즉 감정을 잘 다스리고 관리해야 한다고 말했다. 정념이 넘치거나 모자라지 않는 중간 상태를 유지해야 한다는 뜻이다. 여기서 말하는 중간은 수학에서 말하는 평균과 같은 것이 아니다. '마땅한 때에, 마땅한 일에 대하여, 마땅한 동기로, 그리고 마땅한 태도로 행동하는 것'이 바로 중간 상태다. 이것이 아리스토텔레스가 말하는 중용이자 참된 덕이다.

이처럼 중용은 평균을 절충하는 것이 아니라, 오히려 상황에 따른 적절한 '최선'을 의미한다. 아리스토텔레스는 "과도함과 부족함은 악덕의 특징이며, 중용은 덕의 특징이다."라고 말했다. 예를 들어 방탕한 사람은 지출에 있어 지나치고 취득에 있어 모자란 데 반해, 인색한 사람은 취득에 있어 지나치고 지출에 있어 모자란다고 했다.

아리스토텔레스는 여기서 재물에 대한 관점을 '너그러움'과 '호탕함', '방탕함'과 '인색함'의 네 가지 부류로 나눴다. 이때 너그러움과 호탕함은 중용을 실천하는 덕의 길이고, 방탕함과 인색함은 악덕의 길이다. 재물에 대한 태도에서 너그러움과 호탕함은 주로 부자들의 덕목이다. 호탕함은 재물이 특히 더 많은 부자일 경우에 해당한다. 아리스토텔레스는 인색함은 방탕함보다도 더 큰 악덕에 해당한다고 지적했다.

아리스토텔레스는 덕을 베풀면 더 많은 사람이 행복해지는 '덕의 선순환'을 설파했다. 그에 따르면 사람은 역경에 처했을 때 자기를 도와줄 사람들을 필요로 할 뿐만 아니라, 자신의 삶이 윤택할 때도 자기가 도움을 줄 사람을 필요로 한다. 따라서 평소 덕을 베풀면 자신이 어려움에 처할 경우 도움을 받을 수 있다. 아리스토텔레스는 자신이 행복할 때도 덕을 베풀며 선행을 해야 한다고 강조했다. 덕을 베풀어 행복할 수 있고, 위기에 처해서 도움을 받을 때도 행복을 맛볼 수 있기 때문이다.

아리스토텔레스는 행복을 위해서는 '관조적 생활'을 해야 한다고 강조했다. 그는 먼저 사람의 생활 형태를 향락적 생활, 정치적 생활, 관조적 생활 등 세 가지로 나누었다. 그리고 관조적 생활이 가장 행복한 삶에 해당한다고 주장했다.

'관조'의 사전적 의미를 살펴보면, 고요한 마음으로 사물이나 현상을 관찰하거나 비추어 보는 것을 뜻한다. 즉, 명상하고 깊이 생각하는 삶을 의미한다. 아리스토텔레스는 이것이 신의 활동과 가장 닮았다고 여겼다. 이것은 진리를 탐구하는 모습으로, 동물과 구별되는 인간의 고유한 특성이기도 하다. 아리스토텔레스는 "이러한 관조적 정신 활동은 자발성과 여유가 있다. 관조적 정신 활동이 평생토록 지속된다면 인간의 완전한 행복이 있는 것이다."라고 말했다.

이는 현대 사회만 보더라도 알 수 있다. 향락은 일시적 쾌락을 주지만 궁극적인 행복이 아니고, 정치 또한 권력을 추구하게 하므로 사람들에게 행복을 주기에 역부족이다. 인간은 정치적 동물이라고 한 아리스토텔레스이지만, 나이가 들수록 행복은 관조적 생활에 있다는 그의 말에 수긍이 갈 수밖에 없다.

친구를 잘 사귀는 방법

『니코마코스 윤리학』에서 언급하는 '친애'도 꼭 읽어 보며 음미할 만하다. 여기서 친애의 기술, 즉 '친구를 잘 사귀는 기술'도 배울 수 있다. 아리스토텔레스는 친구를 사귀는 기준으로 유익함과 쾌락, 그리고 선을 들었다.

> "유익함 때문에 사랑하는 사람들은 자신에게 이로워서 사랑하며, 쾌락 때문에 사랑하는 사람들도 자신에게 유쾌해서 사랑한다. 그들은 상대의 인품을 사랑하는 것이 아니라 유용하거나 유쾌한 범위 안에서만 사랑한다."

상대의 유익함과 쾌락 때문에 사랑하는 사람들은 상대를 위해서가 아니라, 상대에게 얻을 어떤 이득 때문에 사랑한다는 것이다. 이는 오늘날 우리 자신이나 사회에 대입해 보면 쉽게 이해할 수 있다. 쾌락을 목적으로 하는 사람들은 순간적인 감정에 따라 인간관계를 맺는다. 유익함 때문에 친구가 된 사람들은 이익이 다하면 서로 헤어진다. 그들은 단지 이득을 좇아 친구가 된 것이고, 도덕을 따지지 않는다. 유익함이나 쾌락을 위한 친애는 참된 의미에서의 친애도 아니고, 지속적으로 관계가 이어지지도 못한다.

인간 자체를 위해서는 오직 선한 사람들만이 친구가 될 수 있다. 근거 없이 헐뜯는 남의 말에 전혀 흔들림이 없는 것도 오직 선한 사람들 사이에 친애가 있을 때뿐이다. 이들에게는 신의가 있다. 완전한 친애는 선한 사람들의 친애다. 자기 친구를 위해 좋은 것을 바라는 사람들이야말로 가장 참된 의미에서의 친구라 할 수 있으며, 진정한 사랑과 친애의 최선의 형태다.

반면 유익함(유용함)과 쾌락은 서로 그 유익함과 쾌락을 충족할 때만 친애가 가능하다. 한쪽에서 유익함과 쾌락을 제공하지 못하면 그 관계는 계속 유지되지 않을 것이다. 이와 같이 서로 유익함과 쾌락을 줄 때 이루어지는 친애는 공리주의적 친애다.

공리주의는 19세기 영국에서 제러미 벤담, 존 스튜어트 밀 등을 중심으로 전개된 사회 사상을 가리킨다. 공리주의는 유용성을 가치 판단의 기준으로 삼는다. 어떤 행위의 옳고 그름은 그 행위가 인간의 이익과 행복을 늘리는 데 얼마나 기여하는가 하는 유용성과 결과에 따라 결정된다고 본다.

그러나 아리스토텔레스는 진정한 친애는 덕에 기초한 친애이며 선에 의해 유지되는 친애라고 강조한다. 즉, 서로 유익함이나 쾌락을 주어서 유지되는 친구 관계가 아니라, 서로 선한 행위와 영향을 주고 받는 것만으로도 즐겁고 행복하다면 진정한 친애라는 것이다.

"가장 고귀한 것은 가장 옳은 것이요, 가장 좋은 것은 건강이다. 그러나 가장 즐거운 것은 사랑하는 것을 얻는 것이다."

아리스토텔레스가 인용한 이 잠언에 따르면, 사랑하는 것을 얻는다면 그것만큼 좋고 즐거운 일은 없다는 것을 알 수 있다. 단, 돈을 인색하게 쓰거나 방탕하게 쓴다면 그것은 악덕의 길이니 즐겁지 않다고 했다. 아리스토텔레스의 친애는 지혜로운 인간관계에 대한 깨달음을 주며, 오늘날에도 시사하는 바가 크다.

『니코마코스 윤리학』
깊이 읽기

1. 플라톤과 아리스토텔레스의 차이점은?

아리스토텔레스는 스승 플라톤을 존경했지만, 이와 동시에 비판적 태도를 가지고 있었다. 플라톤이 "철학자들이 왕이거나 혹은 왕들이 철학자가 되기 전까지 세상은 개선되지 않을 것이다."라고 이야기했다면, 아리스토텔레스는 "왕이 직접 철학을 하는 것은 필요 없을 뿐만 아니라 심지어 방해된다. 다만 왕은 참된 철학자의 말을 듣고 따라야 한다."라고 했다. 이는 플라톤이 철인 정치에서 주장한 것과는 달랐다. 아리스토텔레스의 철학은 플라톤의 관념론과 근본적으로 다른 출발점을 갖는 것이 목표였다.

플라톤의 이데아(관념)는 물질적 세계를 초월해 존재하며 영원불변하는 원형을 뜻한다. 이데아는 영원하고 완전한 세계에 실재한다. 우리가 살고 있는 물질적인 세계는 이 초월적인 세계의 불안전한 복사물에 지나지 않는다. 이데아의 그림자에 불과한 현실 세계에서 인간은 늘 부족한 존재로 살아갈 수밖에 없다.

초월적인 이데아의 세계만이 완전하다는 플라톤의 이데아론은 인간은 하느님(절대자, 초월자) 아래에서 진정한 행복과 구원에 이를 수 있다는 기독교 세계관과 연결된다. 이를 '신플라톤학파'라고 부른다.

인간은 육체를 소유하고 있으므로 물질적 존재이지만, 이성과 영혼을 지니고 있으므로 물질을 초월한 것도 생각할 수 있다. 예를 들면 진리, 선함, 아름다움, 가치와 행복 등이다. 물질적인 것은 변화하지만 비물질적인 것은 변하지 않는다. 신플라톤파는 변하지 않는 것이 변화하는 것보다 우수하다고 보았다. 따라서 진정한 존재는 변하지 않는 것, 영원하고 완전한 것이다.

그러한 것이 존재하는 세계를 '이데아계'라고 한다. 이데아계 안에서 최고 선, 미 자체, 만물의 근원은 신으로 간주된다. 유일자인 신은 이 세계의 창조자이며, 인간의 영혼과 교류한다. 물질적 세계에 매어 있는 인간은 신으로부터 빛을 받아 영적 세계에 눈을 뜬다. 이는 인간에게 있어 최고의 기쁨이자 행복이다.

그렇다면 악의 문제에 대해서는 어떻게 생각해야 좋을까? 신플라톤주의는 기독교와 마찬가지로 신은 최고 선이자 가장 높은 존재, 만물의 근원으로 보았다. 신에 의해 창조되고 존재하는 것은 모두 선하다고 간주했다. 만약 이 세계에 악이 존재한다면 신의 위업은 불완전한 것이 되며, 신은 전능하지도 선하지도 않게 된다.

그러나 세상에는 현실적으로 악이 존재하기 때문에 그 악의 기원이 문제가 된다. 신플라톤주의에 따르면 존재하는 것은 모두 선이다. 만약 악이 있다면 그것은 실체로서 존재하는 것이 아니라 선이 결여된 것으로 이해한다.

플라톤은 진리의 기준이 되는 이데아는 초월적으로 존재하며, 그 누구도 이데아가 될 수 없다고 주장한다. 플라톤의 이데아론은 훗날 하느님(신)의 원리가 되면서 서구의 사상을 지탱하는 초석이 된다. 플라톤의 이데아론을 받아들인 기독교에서는 그 누구도 초월적으로 존재하는 신이 될 수 없다.

반면, 아리스토텔레스는 우리가 살고 있는 물질적인 세계에서 최고의 가치를 추구했다. 이데아와 같은 초월적인 세계는 존재하지 않는다고 보았다. 인간에게 최고의 목적은 우리가 살고 있는 현실에서 선을 행하고, 다른 사람들과 선에 기초한 친애를 바탕으로 행복에 이르는 것이다.

아리스토텔레스는 이데아처럼 초월적으로 존재하는 것이 아닌, 현실 세계 안에서 세상을 움직이게 하는 '제일운동자'(신)가 있다고 주장했다. 아리스토텔레스가 말하는 제일운동자는 우리가 사는 세상의 그 어딘가에 존재하면서 세상의 질서와 가치, 진리의 기준을 제시한다.

즉, 플라톤의 신은 초월적 세계에 존재하지만, 아리스토텔레스의 신은 우리가 사는 현실에 존재한다. 또한 아리스토텔레스는 세상에 존재하는 모든 것은 제일운동자(신)처럼 되려고 한다고 말했다. 누구나 신처럼 완전무결한 인간이 되려고 한다는 뜻이다. 이는 불교에서 누구나 부처님의 진리를 따라 수양을 쌓고 노력하면 부처가 될 수 있다고 주장하는 것과 같은 맥락이다.

기독교에서는 기도를 열심히 하면 천국에는 갈 수 있지만, 신이 되지는 못한다. 신은 이데아처럼 초월적인 존재이기 때문이다. 서구의 정신 세계를 지탱하는 헤브라이즘(유대교와 기독교 문명)의 관점에서 보면 인간이 초월적인 신이 되려는 것은 있을 수 없는 일이다.

2. 스콜라 철학에 영향을 주다

아리스토텔레스의 행복론은 스콜라 철학(중세 유럽의 기독교 중심 철학)에 지대한 영향을 미쳤다. 아리스토텔레스가 주장한 것처럼, 기독교에서도 인간은 행복을 바라는 존재라고 여겼다. 인간은 믿음·소망·사랑이라는 종교적인 덕을 실천함으로써 신의 품 안에서 행복할 수 있다고 보았다. 이러한 주장을 한 대표자는 토마스 아퀴나스다. 아퀴나스는 아리스토텔레스의 사상과 신학을 조화해 『신학대전』을 썼다.

아퀴나스는 아리스토텔레스의 윤리학과 정치학을 당시 기독교 사회의 필요에 맞게 적용했다. 그는 인간의 진정한 목적은 지상에서 행복한 것이며, 윤리를 통해 행복해질 수 있다는 아리스토텔레스의 견해를 받아들였다. 다만, 아퀴나스는 인간의 목적은 그것만이 아니라고 덧붙였다. 인간에게는 보다 중요한 목적이 있는데 그것은 신의 세계를 인식하는 것이라고 주장했다. 내세에서 인간이 구제받으려면 아리스토텔레스가 말한 덕의 실천뿐만 아니라, 신앙과 자애라는 신앙적인 덕이 중요하다는 것이다.

스콜라 철학은 중세 후반기에는 신학과 철학, 신앙과 이성, 자연과 인간을 조화해 가톨릭 교리를 합리적으로 설명하고자 시도했다.

이를 위해 아리스토텔레스의 철학을 받아들여 기독교 신학으로 발전시킨 것이다. 토마스 아퀴나스는 인간이 추구하는 덕은 도덕적 덕이며, 행복은 일시적인 것에 불과하다고 말했다. 따라서 인간은 여기에 만족할 수 없고 이를 넘어 종교적 덕과 영원한 행복을 추구하도록 운명지어져 있다고 주장한다.

아리스토텔레스는 플라톤의 이데아, 즉 초월적인 존재를 믿지 않았다. 인간의 이성에 따라 파악할 수 있는 세계만이 존재한다고 보았다. 아퀴나스는 『신학대전』에서 아리스토텔레스의 철학과 신학과의 관계를 정립해 절충안을 내놓았다. 아퀴나스는 "어떤 진리들은 이성이 도달할 수 있는 한계 내에 있으나, 또 어떤 진리들은 이 경계를 초월해 존재한다."라고 했다. 즉, 초월적이고 계시적인 신성(신)은 '예외 조항'을 만들어 둔 것이다. 여기서 '어떤 진리들은 이성이 도달할 수 있는 한계 내에 있으나'라는 부분은 아리스토텔레스의 사상에 해당하며, '또 어떤 진리들은 이 경계를 초월해 존재한다.'라는 부분은 플라톤의 이데아론에 해당한다. 아리스토텔레스가 주장한 인간의 이성을 수용하면서도, 부활이나 구원의 문제는 플라톤의 이데아론으로 해석한 것이다.

서구의 사상은 인간의 이성을 중시하는 플라톤과 아리스토텔레스의 철학을 바탕으로 한다. 이성에 따른 사유와 초월적 세계를 인정하는 플라톤의 사상은 서구 합리주의의 출발점이 되었다. 반면 초월적 세계를 인정하지 않고 현실 세계에서 이성에 따른 진리를 추구하는 아리스토텔레스의 사상은 서구 경험주의의 출발점이 되었다.

3

살아가는 데 국가가
왜 필요할까?

홉스, 『리바이어던』

17세기 초 영국은 도시를 중심으로 상공업이 발달했다. 자
본주의가 태동해 신과 교회를 중심으로 한 중세 봉건 질서에
대한 저항이 시작되었다. 왕과 귀족, 대지주들과 새롭게 떠
오르는 세력인 상공업 계층, 자영 농민들은 이해관계를 두고
충돌했다. 영국 국교회와 청교도, 가톨릭교도의 종교 갈등
역시 심화되었다. 이 극심한 혼란기에 영국의 철학자 토마스
홉스는 새로운 국가를 꿈꾸며 『리바이어던』을 썼다.

'리바이어던'은 구약성서 「욥기」에 나오는 거대한 영생 동물
의 이름이다. 이 책에서는 '교회 권력으로부터 해방된 국가'
를 가리키며 국가의 성립 과정을 논했다. 이 책은 4부로 구
성되어 있는데, 홉스는 국가를 '자연인보다 강한 인공적 인
간'으로 비유했다. 그는 절대 주권을 확립해 시민의 안전과
평화를 지킬 것을 강조했다.

만인의 만인에 대한 투쟁

맹자가 '성선설'을 주장했다면 홉스는 '성악설'의 관점으로 인간을 바라보았다. 홉스는 자연 상태에서 끊임없이 투쟁하면서 살아가는 비참한 인간의 모습에 주목했다. 홉스는 인간들이 자신의 이익을 위해 이기적일 수밖에 없다고 보았다. 이에 대한 상세한 설명은 『리바이어던』의 제1부 「인간에 대해서」에 나와 있다.

홉스에 따르면 인간은 심신의 여러 능력에 있어서 태어나면서부터 평등하며, 자신의 생명을 유지하기 위해 '자기가 원하는 대로 자신의 힘을 사용할 자유'를 갖고 있다. 따라서 인간은 타인보다 우월하기 위해 가장 효과적인 수단인 '힘'을 보다 많이 획득하고자 경쟁하게 된다. 이는 허영심·시기심·불신감·경쟁심을 조장하고, 힘의 경쟁을 심화해 결국 전쟁이라는 비극을 초래한다. 홉스는 이것을

'자연 상태'라고 불렀다. 이 자연 상태에서 인간들은 저마다 자신의 생존과 이익만을 추구한 결과 '만인의 만인에 대한 투쟁'의 상태가 될 것이라고 보았다.

그렇다면 왜 사람은 다른 사람과 싸울까? 홉스는 상대방을 파괴하고 정복하는 투쟁의 주된 목적은 '자기 보존'의 욕구 때문이며, 때로는 파괴와 정복에서 오는 쾌감 때문이라고 말한다. 이는 오늘날 우리 사회에서 벌어지는 상황을 떠올려 보면 쉽게 이해할 수 있다. 학생들은 시험을 앞두고 치열하게 공부한다. 일부 학생들은 시험 점수를 잘 받기 위해 몰래 커닝을 하기도 한다. 직장에서도 많은 성과를 올리고 승진하기 위해 치열하게 경쟁한다. 우리 사회도 홉스가 말한 '자연 상태'의 투쟁이 벌어지고 있는 것이다.

홉스는 "인간은 그들 모두를 위압하는 공통 권력이 없이 자연 상태로 살아갈 때는 전쟁 상태에 들어간다. 이 전쟁은 '만인에 대한 만인의 투쟁'이다."라고 말했다. 홉스가 말한 '만인에 대한 만인의 투쟁'이라는 명제는 그의 다른 저서 『시민론』의 서두에 등장하는 "사람은 사람에게 있어서 늑대다Homo homini lupus."라는 말과 함께 쓰이곤 한다. 이는 마치 정글에서 약육강식의 생존 법칙에 따라 동물들이 살아가는 모습을 떠올리게 한다.

홉스는 자연 상태일 때 인간이 폭력이나 분쟁을 일으키는 원인으로 경쟁심, 자기 확신의 결핍, 그리고 공명심(영광)을 들었다. 인간은 자신의 이득을 위해 서로를 침략하고, 공을 세워 자신의 이름을 널리 알리기 위해 상대를 공격한다는 것이다. 이어 홉스는 "이처럼 서로를 믿지 못하는 상황에서 자신을 안전하게 보호하는 방법은 선수를 치는 것 말고는 없다."고 말했다.

이 이야기는 그 유명한 '수인(죄수)의 딜레마'와 연결되기도 한다. 수인의 딜레마란 당신의 공범자가 무엇을 하든 당신의 이익을 원한다면 "당신은 자백하는 편이 좋다."라는 것이다. 수인의 딜레마는 서로 힘을 합치면 모두에게 이익이 되는데도 불구하고, 서로를 배신하게 되는 상황을 말한다.

일례로 같이 범죄를 저지른 A, B가 함께 범죄 사실을 숨기면 둘 다 형량을 낮출 수 있는데도, 상대방의 범죄 사실을 수사관에게 알려주면 자신의 형량이 줄어든다는 말에 혹해 상대방의 범죄를 폭로하고 결국 둘 다 무거운 형량을 받는 경우를 들 수 있다. 두 죄수 모두 자신의 이익만을 생각하다가 공멸하는 것이다.

개인의 생존을 위해 국가가 탄생하다

국가가 없는 자연 상태에서는 쾌락을 얻으면 선이 되고, 고통을 얻으면 악이 된다. 여기서 인간은 자신의 쾌락과 욕망을 추구하기 위해 투쟁한다. 누구나 다 평등하게 쾌락과 욕망을 추구할 수 있다.

홉스는 『리바이어던』의 13장 「인간의 자연 상태」에서 "사람은 날 때부터 평등하다."라며 이렇게 말했다.

> "두 사람이 서로 같은 것을 원하지만 그것을 똑같이 누릴 수 없다면, 그 둘이 서로 적이 되어 상대편을 무너뜨리거나 굴복시키려 하게 된다."

홉스는 "이런 평등한 상황에서 불신이 생기고 불신에서 전쟁이 발생한다."라고 강조했다. 홉스가 말하는 자연 상태는 '자기가 원하는 대로 자신의 힘을 사용할 자유'를 인정한다. 즉, 무질서한 개인들이 욕망에 따라 상호 대립하고 투쟁하는 상태다.

이때 재빨리 선수를 치고 이익을 차지하는, 이른바 '홉스적 인간'만이 살아남는데 홉스는 그것을 '선'이라고 여겼다. 즉, 자기 보존을 위해 타인보다 우월해야 하고, 이를 위해 가장 효과적인 수단인 힘을 보다 많이 획득하는 것을 인정했다.

자연 상태에서 각 개인은 자유를 만끽하며 즐거워해야 하는데, 사실은 그렇지 못하다. 생존 경쟁이 치열해지기 때문이다. 결국 자연 상태에서 인간은 자유와 평등을 만끽하기보다 만인의 만인에 대한 투쟁 상태에서 보호받지 못한 채 비참하게 살게 된다. 따라서 인간은 자신을 보호하기 위해 안전한 장치를 찾게 된다. 홉스는 이러한 투쟁 상태에 종지부를 찍고 평화로운 생활을 하도록 하는 것이 '이성'이라고 주장하며, 그 해결 방법이 '자연법'이라고 말했다.

이때 인간의 이성은 정념과 욕구를 조정하고 평화를 위한 조건을 제시하며, 사람들에게 평화를 따르도록 한다. 자신의 생명과 안전을 지키는 데 필요한 계율 또는 일반 법칙을 자연법이라고 한다.

이와 같은 자연법이 이루어지려면 인간이 자기 권리를 서로 넘겨주는 약속을 해야 하지만, 그것만으로는 불충분하다. 인간의 계약을 보증하는 공적인 권력이 필요하며, 타인이 자신과 같은 권리를 갖는 것 또한 인정해야 한다.

> "모든 사람은 평화를 얻을 수 있다는 희망을 갖는 한 평화를 추구해야만 한다. 그리고 평화를 얻을 수 없을 때 전쟁의 이로움과 도움을 추구하고 이용할 수 있다."

여기서 "평화를 추구해야만 한다."라는 것이 홉스가 말한 자연법이다. 이는 개인이 자신을 보호하기 위한 최선의 방법이었다. '평화의 추구'와 '자기 보존'은 당시 혼란스러운 사회를 살던 영국 시민들의 관심사였다. 자연 상태에서 시민 사회로의 이행은 곧 평화와 안전을 확보하는 것을 의미했다. 여기서 홉스는 '자기 보존'을 그의 철학의 전면에 내세우게 되었다.

홉스는 개인이 자기 보존을 위해 패배한 군주를 선택하지 않을 권리가 있다고 했다. 자기 방어와 보호를 위한 '묵비권'과 '양심적인 병역 거부'의 권리도 인정했다. 홉스는 아리스토텔레스와는 달리 인간은 본래 사회적 동물이 아니고, 이기심을 본성으로 한다고 보았다. 따라서 자기 생명의 위협을 느낀다면 징병도 거부할 수 있다고 한 것이다. 통치자의 절대 권력을 옹호하지만, 시민의 개인주의와 쾌락주의 또한 옹호했다.

홉스는 국가가 개인의 자기 보존을 위해 필연적이라고 보았다. 무정부 상태(자연 상태)에서는 자기 보존이 불가능하므로, 인간이 할 수 있는 것은 절대 주권자인 '리바이어던'을 선택하는 것뿐이다. 만약 강한 주권자가 없으면, 평화를 지키기 위해 한 약속을 지키려고 하지 않기 때문이다. 그 결과 사람들은 스스로의 생존과 이익을 지키기 위해 계약을 맺어서 법과 규범을 만들고, 정부를 세운다고 보았다. 이때 법을 어기는 이들을 제재하기 위해 강력한 군주에게 주권을 부여해야 한다고도 주장했다.

종교보다 국가가 우선이다

홉스는 인격체를 자연적 인격체와 인공적 인격체로 나누었다. 여기서 인공적 인격체란, 다른 사람의 말과 행동을 대표하는 개인 또는 집단을 가리킨다. 국가란 각 개인과 개인이 상호 계약을 맺고 그들의 의지를 모아 하나의 인공적 인격체, 즉 '리바이어던'이라는 새로운 주권자에게 권리를 양도한 것으로 보았다.

리바이어던은 사회의 질서와 평화를 위해 모든 권력을 자유로이 행사할 수 있다. 국가와 국민 사이에 '보호'와 '복종'이라는 새로운 관계를 설정하고자 의도한 것이다. 여기서 홉스는 리바이어던이 교황보다 우위에 있는 새로운 통치자라고 주장했다.

홉스는 자신의 사상이 모두 집약된 이 책에서 중세의 신앙과 비합리적 세계관을 비판하고, 전쟁과 혼란을 막을 수 있는 과학적인 이론을 제시하고자 했다. 그는 신이 모든 것을 초월하는 절대 진리라고 주장하던 중세의 사상을 부정했으며, 특히 스콜라 철학자들을 맹렬하게 비판했다.

홉스는 경험에 따른 지식과 인식, 법 앞의 평등이라는 근대적 논리를 제시했다. 무엇보다 개인의 안전과 평화를 보장하기 위해 국민 스스로가 서로 계약을 맺어 국가를 구성하고, 그 국가의 목적과 권력의 범위, 국민의 자유와 권리를 법으로 정해서 합리적인 정치 질서를 수립해야 한다고 주장했다. 이러한 주장은 근대 시민 국가의 사상적 기반이 된 '사회계약설'의 틀이 되었고, 오늘날 홉스는 근대를 연 사상가로 손꼽히게 되었다.

홉스는 4부 「어둠의 왕국에 관하여」에서 잘못된 성서 해석의 위험성을 경고한다. 특히 교회가 '어둠의 왕국'을 지배하는 세력이라고 폭로했다. 그는 종교가 국가의 하위에 속해야 한다며, 리바이어던이 통치하는 '종교에 대한 국가 우위론'을 주장했다.

홉스는 민주정과 귀족정, 군주정 중에서 군주 정치가 최선의 국가 형태라고 보았다. 여기서 홉스가 말하는 군주제는 왕권신수설에 따른 군주제가 아니고, 어디까지나 평등한 개인의 자연권에 근거한 것이다.

이에 대해 영국의 논리학자 버트런드 러셀은 "홉스에 따르면 최선의 국가 형태는 군주제인데, 이것은 홉스의 이론에서 중요한 부분이 아니다. 국가 권력이 절대적이어야 한다는 견해가 중요하다."라고 평가했다. 러셀은 "어느 공동체든 두 가지 위험, 즉 무정부 상태와 전제 정치의 위험에 직면한다. 홉스는 청교도 혁명을 겪으며 무정부 상태를 몹시 두려워했고, 절대 권력을 가지는 군주제를 옹호하게 되었다."라고 밝혔다. 즉, 리바이어던이라는 괴물은 영국 내전을 거치면서 탄생한 시대의 산물인 것이다. 이처럼 인류의 위대한 고전들은 대부분 가치관이 흔들리는 사회의 혼란기에 탄생했다.

홉스는 중세의 신 중심 질서를 부정하고, 개인의 자유와 평화를 보장하려면 개인 간 계약을 통해 절대 권력을 수립해야 한다고 주장한다. 공공 권력을 수립하는 유일한 방법은 자신의 힘과 권력을 한 사람 또는 하나의 합의체에 양도하는 것이다. 즉, 국가라는 리바이어던은 '만인의 만인에 대한 투쟁' 상태를 벗어나기 위한 계약의 산물이다.

오늘날 우리 사회에서 끊임없이 "국가란 무엇인가?"라는 질문이 나오는 이유는 국가에 양도한 권력이 잘못 쓰이면서 국민을 억압하고 소수에게 부와 권력이 독점되는 결과를 낳았기 때문이다.

『리바이어던』이 싹틔운 사회계약설

플라톤의 『국가론』과 아리스토텔레스의 『정치학』이 고대 그리스 사회의 이상적인 정치 질서를 제시한 작품이라면, 마키아벨리의 『군주론』은 현실 정치가를 위한 교과서와 같은 책이다. 그리고 홉스의 『리바이어던』은 근대 국가를 사회계약론이라는 토대 위에 새롭게 세웠다는 평가를 받는다. 여기서 잉태된 사회계약설은 존 로크의 『시민정부론』에 이르러 체계화되었다.

마키아벨리가 당시 통치자인 메디치에게 『군주론』을 헌정한 것처럼, 홉스는 『리바이어던』을 당시 통치자였던 찰스 2세에게 헌정했다. 홉스는 이 책이 찰스 2세의 손에 들려져 백성의 안전과 평화를 보장해주는 교과서가 되길 희망했다. 홉스는 『리바이어던』의 출판에 앞서 필사본을 가죽으로 장정해 찰스 2세(1660~85)에게 증정했다. 이 책의 영향 때문인지, 찰스 2세는 루이 14세처럼 전제 군주가 되기를 원했다.

홉스의 정치 이론은 개인주의적 입장에서 출발했지만, 절대주의의 옹호로 귀결되고 있다. 그러나 전제 군주가 되길 원하는 왕의 의도를 파악한 의회가 먼저 움직였다. 여기서 토리당(귀족, 보수)과 휘그당(청교도, 상인)이 생겨나 영국 의회 민주주의의 기원이 되었다. 참으로 역사의 아이러니가 아닐 수 없다.

한편, 홉스는 언어의 사회적 기능을 통해 만인의 만인에 대한 투쟁을 완화할 수 있다고 밝혔다.

"언어 없이는 사람들 사이에 국가도 사회도 계약도 평화도 없으며, 사자나 곰, 늑대들의 세계와 다를 바 없다."

이 말은 인간이 자연 상태를 벗어나 사회 계약을 통해 사회와 정부를 구성하는 일이 모두 언어를 통해 가능하다는 것을 나타낸다. 토론과 논쟁, 협상과 타협을 생명으로 하는 정치의 세계에서 언어의 사용은 큰 영향을 미친다. 홉스는 "의사소통을 통해 선하고 훌륭한 것은 더 커진다."라고 강조했다.

일찍이 홉스는 언어의 사회적 소통 기능을 설파한 것이다. 이는 불통이 논란이 되고 있는 우리 사회를 보면 쉽게 이해할 수 있다. 오늘날 홉스의 『리바이어던』을 읽어야 하는 최소한의 이유가 여기에 있다고 하겠다.

『리바이어던』
깊이 읽기

1. 홉스의 『리바이어던』은 어떻게 탄생했을까?

홉스의 『리바이어던』은 내전 상태에 빠졌던 17세기 영국의 시대 상을 반영한 작품이다. 홉스는 영국의 입헌 군주제가 성립되는 시민 혁명(청교도 혁명과 명예 혁명)의 혼란기에 살았다. 군주와 의회가 대립하면서 시민 혁명이 일어나 청교도 세력이 주축이 된 새로운 정권이 들어서자, 홉스는 교회(청교도) 세력보다 우위에서 절대 권력을 행사하는 강력한 통치자로 '리바이어던'을 제시했다.

청교도 혁명이란 1640~60년에 일어난 영국의 시민 혁명으로, 혁명 세력 안에 청교도가 많았던 것에서 그 이름이 유래한다. 당시 왕이었던 찰스 1세가 국정을 독단적으로 운영하자, 의회는 왕에게 의회의 허락 없이 세금을 걷지 못하도록 했다(권리 청원). 화가 난 찰스 1세는 이를 승인한 후 곧 의회를 해산시켜 버렸다.

의회와 국왕의 대립이 심각해지자 내란이 일어났다. 그리고 청교도 정치인이었던 크롬웰이 이끈 의회군이 승리했다. 공화정이 수립되었고 찰스 1세는 처형되었다(1649년). 이를 청교도 혁명이라고 한다. 하지만 공화정의 대표가 된 크롬웰은 독재 정치를 펴고 금욕적인 생활을 강요하다 국민의 불만을 샀다. 1658년에 크롬웰이 죽자 1660년 영국은 왕이 다스리는 정치 체제로 돌아갔다.

홉스는 청교도 혁명으로 영국이 내전 상태에 빠지자, 주권의 소재가 명확하지 않았기 때문이라고 생각했다. 이에 새로운 통치자(리바이어던)가 절대 주권을 행사함으로써 국민의 안전과 평화를 달성할 수 있다면서 이 책을 썼다. 그는 강력한 통치자가 교회(청교도) 세력보다 우위에 있다는 주장을 펼친 것이다.

이는 마치 맹자가 전국시대 무정부 상태의 혼란기에 『맹자』라는 책을 써서 왕도 정치를 주창한 것과 비슷하다. 다만 홉스는 사람의 본성이 악하다는 성악설을, 맹자는 사람의 본성이 선하다는 '성선설'을 따랐다. 혼란기에 정치 철학을 내놓았던 것은 공통점이지만,

두 사람이 인간의 본성을 보는 관점은 정반대였던 것이다.

2. 교회 세력은 왜 홉스를 적대시했을까?

홉스가 교회(청교도)보다 우위에 있는 새로운 절대 권력자인 리바이어던을 제시하자, 청교도 세력은 홉스를 적대시하며 그의 정치 철학을 '호비즘Hobbism(심한 보수주의)'이라고 매도했다. 홉스는 평생 청교도들의 비난에 시달리며 살아야 했다.

홉스가 살던 17세기 당시 홉스 철학에는 무신론, 유물론, 성악설, 절대 군주론 등 부정적인 이름이 붙었으며, 이들을 '호비즘'이라 불렀던 것이다. 홉스 철학에 우호적이었던 사람들조차 자신이 '호비스트'라고 불리기를 원하지 않았다. 이런 상황에서도 홉스는 교회에 대한 국가 우위라는 도발적인 정치 철학을 개진했다.

홉스는 군주든 의회든 또는 혁명 세력이든 종교와 권력은 분립되어야 한다고 주장했다. 이 때문에 『리바이어던』은 당시 금서로 지정되었다. 하지만 오늘날 홉스는 로크와 더불어 근대 자유주의 전통을 세우는 데 앞장섰다는 평가를 받게 되었다.

"가장 나쁜 것은 끊임없는 두려움과 폭력에 의한 삶과 죽음의 갈림길에서 인간의 삶은 고독하고 가난하고, 비참하고, 잔인하고 그리고 짧다는 것이다."

이 문장처럼 우리가 사는 세상은 여전히 만인의 만인에 대한 투쟁이 이루어지고 있다. 홉스의 『리바이어던』은 교회와 국가 권력에 대한 통찰력이 돋보인 책이다.

홉스는 중세 시대 이후 권력을 행사해 온 종교(교회) 세력을 정치 권력에서 분리해야 한다고 주장했다. 즉, 홉스는 군주나 권력자가 아닌 시민들을 위해 절대 권력을 가진 국가가 필요하다는 것을 강조했고, 이를 위해 리바이어던을 제시한 것이다. 오늘날의 관점에서 보면 당연한 것 같지만, 교회 권력이 절대적이었던 당시에는 목숨을 건 주장이었다.

4

자본주의는
어떻게 세상을 움직일까?

애덤 스미스, 『국부론』

『국부론』은 자유방임주의를 표방한 최초의 경제학 저서로 잘 알려져 있다. 애덤 스미스가 살았던 18세기 말 영국에는 경제에 대한 포괄적인 이론이나 경제학이라는 전공 분야가 없었다. 애덤 스미스는 경제학자가 아니라 『도덕 감정론』으로 유명한 철학 교수였다. 하지만 그는 당대의 뛰어난 사상가들과 활발한 의견 교환을 통해 경제의 메커니즘에 대한 인식을 얻었다. 또 산업화 이전의 사회가 산업 자본주의로 넘어가는 과정을 주의 깊게 관찰했다.

애덤 스미스는 인간의 이기주의란 사회 전체의 복지를 위한 열쇠라고 주장했다. 개개인에게 자신의 경제적 이해를 추구할 자유를 부여한다면, 이때 각 개인의 이기심이 전체 사회의 이익과 번영의 원천이 된다는 것이다. 이 사상은 자유주의 경제의 시초가 되었다.

보이지 않는 손

애덤 스미스는 '보이지 않는 손'이라는 문장으로 잘 알려져 있다. 스미스는 자신이 쓴 책에서 보이지 않는 손을 세 번 언급했다. 그는 1758년 쓴 논문 「천문학사」(애덤 스미스 사후 1795년에 출간된 『철학논문집』에 실림)에서 자연 현상의 법칙을 설명할 때 '주피터 신의 보이지 않는 손'이라는 표현을 처음 썼다. 그리고 1759년 쓴 『도덕감정론The Theory of Moral Sentiments』에서 두 번째로 언급했다.

"부자는 단지 큰 덩어리의 생산물 중에서 가장 값나가고 기분 좋은 것을 선택할 뿐이다. 그들은 가난한 사람보다 많이 소비하지도 못한다. 그들의 천성의 이기심과 탐욕에도 불구하고, 비록 그들이 자신만의 편의便宜를 생각한다고 하더라도, […] 그들은 자신들의 모든 개량의 성과를 가난한 사람들과 나누어 가진다.

그들은 보이지 않는 손Invisible hand에 이끌려서 토지가 모든 주민들에게 똑같이 나누어졌을 경우에 있을 수 있는 것과 같은 생활 필수품을 분배하게 된다. 그리하여 무의식 중에, 부지불각 중에, 사회의 이익을 증진시키고 인류 번식의 수단을 제공하게 된다.”

애덤 스미스는 1776년 쓴 『국부론The Wealth of Nations』에서 마지막으로 보이지 않는 손을 언급한다. 『국부론』에서도 보이지 않는 손을 명확하게 표현한 것은 단 한 번(제4편 제2장)에 불과하다.

“사실 그는 공공의 이익을 증진하려고 의도하지도 않고, 공공의 이익을 그가 얼마나 촉진하는지도 모른다. 자신의 노동 생산물이 최대의 가치를 갖도록 그 노동을 이끈 것은 오로지 자기 자신의 이익을 위해서다. 이 경우 그는 보이지 않는 손에 이끌려서 그가 전혀 의도하지 않았던 목적을 달성하게 된다. 그가 자기 자신의 이익을 추구함으로써 흔히, 그 자신이 진실로 사회의 이익을 증진하려고 의도하는 경우보다, 더욱 효과적으로 그것을 증진시킨다.”

이 문장이 그 유명한 보이지 않는 손을 언급한 대목이다. 책의 앞부분도 아니고 절반이 훨씬 지난 부분에 등장한다. 다만 보이지 않는 손을 암시하는 부분이 제1편 제2장에 나온다.

> "우리가 매일 식사를 마련할 수 있는 것은 푸줏간 주인과 양조장 주인, 그리고 빵집 주인의 자비심 때문이 아니라, 그들 자신의 이익을 위한 그들의 계산 때문이다. 우리는 그들의 자비심에 호소하지 않고 그들의 이기심에 호소하며, 그들에게 우리 자신의 필요를 말하지 않고 그들에게 유리함을 말한다."

현대 경제학에서 애덤 스미스의 보이지 않는 손은 가격을 결정하는 기능으로 연결되지만, 정작 스미스는 정확한 개념을 규정한 바 없다. 그는 보이지 않는 손을 일종의 형이상학적인 의미로 사용했고, 저서마다 일관된 의미로 언급하지도 않았다.

애덤 스미스는 보이지 않는 손을 요즘 말하는 수요와 공급의 법칙으로 설명하지 않았다. 그는 각 개인이 자기의 이익을 뜻대로 추구하는 동안 보이지 않는 손에 이끌려 상상치 못했던 사회 전체의 이익을 가져온다고 보았다. 생산자들은 자기 자신의 이익을 위해 물건을 만드는데, 이것이 결국 사회와 국가의 발전을 이끈다는 뜻이다.

즉, 눈에 보이지 않지만 개인의 이익 추구가 사회의 이익을 증진하는 방향으로 나아간다는 것이다.

애덤 스미스의 주장은 개개인들이 어떤 목적을 추구하다 보면 결국 사회를 발전시키는 방향으로 나아가고, 전체 사회가 비슷한 목적을 띠게 된다는 것이다. 예를 들어 운전자들이 교통 법규를 잘 지키면 결국에는 교통사고 없는 사회, 나아가 생명을 존중하는 사회가 된다. 즉, 교통 법규를 잘 지키는 것이 생명 중시 사회라는 목표로 나아가게 한다는 말이다. 청소년들의 봉사활동은 학생부에 기재되고 대입 수시 전형에 반영된다. 이때 봉사활동은 좋은 대학에 가고자 하는 학생 개개인의 이기심에서 시작하지만, 다른 사람에게 도움이 되고 사회를 따뜻하게 하는 데 일조하게 된다.

보이지 않는 손의 주된 내용은 사람들이 자신의 이익을 추구할 때, 사회는 보이지 않는 손에 따라 개개인들이 전혀 의도하지 않았던 목표를 향해 나아간다는 것이다. 개인의 이기심에 바탕을 둔 경제 행위가 결과적으로 경제 발전으로 이어지고, 수요와 공급의 균형을 맞춘다는 뜻이다. 여기에서 비롯해, 오늘날 경제학에서는 시장이 갖는 수요와 공급의 자동적 조정 기능을 보이지 않는 손의 작용이라고 부른다.

애덤 스미스가 경제학의 아버지가 된 이유는 경제학의 수요와 공급의 법칙을 정립한 데 있다. 물건을 많이 생산해 공급이 늘면 가격은 떨어지고, 공급이 부족해 수요가 늘면 가격이 오른다. 기업은 가격이 떨어지면 생산량을 줄이고, 소비자는 가격이 오르면 물건 구매를 줄인다. 이렇게 해서 적정한 선에서 가격이 결정되는 것이다.

영국 중상주의 경제 정책을 비판하다

애덤 스미스는 보이지 않는 손의 개념을 자유방임 체제와 함께 내세웠는데, 이는 당시 영국의 경제 정책을 비판하기 위해서였다. 당시 영국을 비롯한 유럽 국가(절대 왕정)들은 식민지 정책을 추구했고, 국가가 주도적으로 수출입에 적극 개입하는 경제 정책을 펼쳤다. 이것이 바로 중상주의 경제 정책이다. 애덤 스미스는 중상주의적 통치 원리를 부정하기 위해 보이지 않는 손을 내세웠다.

스미스는 절대 왕정 당시 대무역상과 제조업자가 무역을 독점하는 중상주의 정책을 과감하게 비판하고 자유방임 체제를 주장했다. 중상주의는 국가가 상품을 팔고 그 대신 받는 자본으로 금과 은을 사서 축적하면 국가가 부유해진다는 관점이다. 이에 반해 스미스는 국부는 금과 은을 축적하는 것이 아니라, 노동자 수를 늘이고 노동 생산성을 높이는 데 달려 있다고 주장했다. 그렇게 되면 국민이 원하는 것을 사서 소비할 수 있고 나라도 부유해진다는 것이다.

애덤 스미스는 경제학으로 세상을 보는 방법과 경제학을 어떻게 연구해야 하는지 제시한 최초의 경제학자였다. 하지만 현대 사회는 『국부론』의 주장과는 달리 반대의 세계가 되어 가고 있다. 국가는 시장에 대한 개입을 최소화하고 국방과 외교, 치안 등의 질서 유지 임무만 맡아야 한다는 자유방임주의 국가관은 정부의 정책이 적극 개입되는 복지 국가로 바뀌었다. 각 부분에 정부 개입이 확대되고 있는 우리나라도 이제 다시 국가의 역할, 정부 개입의 기준, 복지 국가의 바람직한 모습 등에 대해 새롭게 검토해야 할 시점이다.

작은 정부 vs 큰 정부

애덤 스미스는 데이비드 리카도와 함께 자유주의 고전경제학을 대표하는 학자다. 이들이 주장한 작은 정부Small Government론은 국가의 공권력을 개인과 사회의 안녕과 질서 유지에만 국한하고, 국가 전체의 부를 자연적인 조화에 맡긴다는 이론이었다. 민간 경제에 대한 정부 간섭을 배제하는 것이다. 스미스가 주장한 보이지 않는 손은 모든 개인이 각자의 이해에 따라 움직이는 경제 체제를 이끄는 힘으로, 시장의 자유로운 경쟁을 표현한 개념이었다.

애덤 스미스의 자유주의 경제 이론은 자유방임주의에 기반하고 있다. 하지만 그는 개인의 무한한 경제적 자기 실현의 결과가 어떤 결과를 낳을지에 대해 너무 낙관적이었다. 자유주의 경제 체제에서 부자는 더욱 부유해지고 가난한 자는 더욱 가난해진다. 이 때문에 19세기 중엽 카를 마르크스는 공산주의 이론의 토대가 된 『자본론』을 내놓는다.

1930년대에 발발한 세계 경제 공황은 자유방임주의에 대한 신뢰에 종지부를 찍었다. 이는 정부의 적극적인 시장 개입을 주장하는 '케인스John Maynard Keynes의 혁명'이 시작되는 계기가 되었다. 민간의 노력만으로 해결할 수 없는 문제, 이를테면 복지 문제가 대두되면서 정부의 역할이 점차 커진 것이다. 이를 작은 정부에 대비해 큰 정부Big Government라고 한다.

큰 정부는 1930년대의 세계적인 대공황을 계기로 정부의 역할이 커짐에 따라 기능과 구조 및 예산이 늘어난 정부를 뜻한다. 자유주의 국가에서는 행정 국가 및 복지 국가의 정부가 이에 속한다. 예를 들어 한국과 대만, 싱가포르는 국가의 적극적인 경제 개입으로 산업화를 이룬 나라다. 반대로 홍콩(1997년 중국에 반환되기 이전)은 정부의 간섭 없이 철저한 자유방임주의 원칙을 취했다. 공산주의 사상은 대표적으로 큰 정부를 지향한다. 모든 정책과 행정이 국가의 개입으로 주도된다. 심지어 학교 급식 등도 국가가 통제한다.

그러나 복지 정책 등으로 덩치가 커진 정부가 민간 부문을 통제하면서 경제의 활력이 저하되자, 20세기 후반에 들어와 다시 작은 정부론이 등장했다. 이는 영국의 대처 수상이 이끌던 영국 보수당의 논리이자 미국 공화당의 정치 노선이기도 했다. 이처럼 작은 정부를 지향하는 우파의 정치 노선을 '신자유주의'라고도 한다.

한국은 1992년 김영삼 대통령이 취임하면서 작은 정부의 슬로건을 내걸고 정부 기구의 축소와 통폐합, 공무원 인원 감축, 규제 완화 등을 추진했지만 큰 성과를 거두지는 못했다. 이후 여러 정부를 거쳐 문재인 정부에 접어들어서는 재정 지출 확대, 공무원 수의 대폭 증원 등 국가 개입이 크게 늘어났다. 만약 공무원 증원과 재정 지출 확대로 국가 재정이 열악해진다면, 애덤 스미스의 작은 정부론이 새롭게 부각될 수도 있다.

세계 경제는 여전히 스미스와 케인스의 경제 노선으로 설명할 수 있다. 『국부론』은 오늘날에도 여전히 살아 있는 이론이며, 이는 미래의 경제를 책임지는 청소년들이 이 책을 읽어야 하는 이유가 된다.

『국부론』
깊이 읽기

1. 생산 효율을 높이는 '분업'

애덤 스미스에 따르면, 노동 생산력은 분업을 통해 개선되며 분업을 통한 초과 생산물은 '보이지 않는 손'에 따라 조정된다. 여기서 스미스의 노동 분업론이 등장한다.

"노동 생산력의 가장 큰 개선과 그것이 적용되었을 때의 숙련도와 솜씨, 판단력의 대부분은 분업의 결과로 보인다."

『국부론』은 이렇게 서두를 시작하는데, 이는 경제 발전에서 생산의 역할이 중요하다는 점을 강조한 것이다. 예컨대 한 사람이 자동차를 만드는 것보다 수많은 사람이 각자 역할을 분담해 작업할 때 더 많은 자동차를 생산해 낼 수 있다. 이것이 바로 분업의 이점이다.

스미스는 분업을 해야 한 사람이 물품을 생산해 내는 노동 생산성이 높아진다고 주장했다. 잘 통치된 사회에서 분업을 통해 다양한 생산물이 대폭 증가하고, 이것이 최저 계층의 국민에까지 미친다면 나라가 부강해지고 전체 국민이 잘 살 수 있다는 것이다.

분업을 하려면 생산된 물건을 소비하는 큰 시장이 있어야 한다. 또한 이 시장에서 사람들이 자유롭게 물건을 살 수 있는 체제가 뒷받침되어야 한다. 스미스는 이를 자유방임주의 경제 체제라고 불렀다. 이때 생산물은 보이지 않는 손에 따라 조정되면서 생산물이 남아돌지 않는다고 주장했다. 사람들이 필요한 만큼 물건을 사다 보면 자연스럽게 적정 생산량이 결정된다는 것이다. 경제학에서 말하는 수요와 공급의 법칙은 스미스의 보이지 않는 손에서 비롯되었다.

당시 영국은 중상주의 경제 정책에 따라 국가가 수출과 수입을 주도하면서 금과 은을 많이 벌어들였지만, 정작 국민들은 물품을 살 여유가 없었다. 물품은 대부분 인도 등 식민지에서 생산되었고, 그곳에서도 소비되며 또 다른 나라로 수출되었기 때문이다. 그래서 스미스는 영국 정부가 주도한 중상주의 경제 정책을 비판하고, 기업과 국민이 생산품을 생산하고 시장에서 소비하는 자유방임주의 경제 정책을 주창했던 것이다.

2. 경제 정책은 국민에게 이득이 되어야 한다

『국부론』은 18세기에 유행하던 중상주의적 국가 개입을 비판하고 경제 활동을 경제인에게 자유방임할 것을 주장했다.

제조업과 상업을 중시하는 중상주의자들의 기본 철학은 다음과 같았다. 첫째, 한 집단(국가)의 이익은 다른 집단의 손해로 이어진다. 둘째, 금의 유입은 한 나라의 부를 증가시키며, 한 나라의 부의 증가는 다른 나라의 부의 감소를 통해 가능해진다. 따라서 다른 나라에 있는 금과 은을 많이 가져온다면 부국이 된다는 논리다.

중상주의 정책의 기본은 수출을 많이 하고 수입을 억제하는 것이었다. 중상주의자들은 생산품의 제조 원가를 낮추기 위해 노동자의 임금은 더욱 낮추었다. 그래야 수출을 할 때 다른 나라 제품보다 더 싸게 팔 수 있었기 때문이다. 또한 수입품의 가격을 국가가 간섭해 높게 만들었다. 비싼 수입품을 살 수 있는 국민들은 많지 않았기 때문이다.

이는 주로 부자와 권력자들의 이익을 위한 정책이었고, 가난한 자와 힘없는 자를 소외시켰다. 부자들은 물건 값이 비싸도 살 수 있는 여력이 있다. 특히 부자들은 값싼 노동력을 제공하는 노예 제도와 저렴하게 원료를 공급받을 수 있는 식민지 건설을 했다. 그래서 정부가 나서서 경제 정책에 간섭하는 것을 옹호했다.

이 중에서 수출 장려금 제도는 더욱 큰 문제를 야기했다. 국가가 지급하는 수출 장려금은 국민의 혈세에서 나왔는데, 지원 대상을 외국에 수출하는 제품으로 한정했다. 결국 국민의 세금으로 외국에 더 좋은 제품을 공급하도록 만들었다. 우리나라의 경우 박정희 정권 때 중상주의 경제 정책을 펼쳤다.

중상주의의 여러 규제들은 제조업자의 특별한 이익을 위해 만들어졌고, 대다수 국민의 희생을 강요했다. 하지만 경제 정책은 양날의 검처럼 긍정적인 측면과 부정적인 측면을 동시에 안고 있다. 결국 경제 정책에 대한 평가는 국민을 위해 긍정적인 결과를 얼마나 더 많이 창출했느냐에 달려 있다고 하겠다.

5

인간과 문화를
어떻게 이해할까?

『그리스 신화』

흔히 오늘날 서구 정신과 문화의 원형으로 고대 그리스를
손꼽는다. 세계를 지배한 로마인은 그리스인으로부터, 그
외 유럽인들은 로마인으로부터 문화를 받아들였기 때문이
다. "모든 길은 로마로 통하지만, 로마는 그리스로부터 나왔
다."라고 할 수 있다. 그렇다면 고대 그리스인들의 세계관을
알아야 하는데, 그 원형이 담긴 것이 바로 그리스 신화다.
신화는 인류 문화에서 '역사 이전의 역사'라고도 불린다. 또
한 과학과 종교, 문학과 철학에 나타난 인간의 세계관과 인
생관의 가장 원초적인 형태이기도 하다. 그리스 신화는 서
양 문명과 문화를 이루는 바탕이다.

신화는 인간들의 이야기

서구인들은 서구의 전통과 기억의 근원, 문명의 원형(인간 본성의 보편적 성향을 나타내는 것)을 고대 그리스인으로부터 구하고자 했다. 그렇다면 무의식과 의식을 지배하는 그리스인의 원형은 어떻게 형성되었을까? 다름 아닌 '신화'를 통해 형성되었다. 그리스인들은 신화를 통해 세계를 인식하고 사유했다.

신들의 이야기는 누가 지어냈을까? 이야기를 만든 것은 다름 아닌 인간이다. 신들의 이야기는 인간의 이야기라고 해도 무방하다. 신들의 이야기에는 인간이 욕망하는 모든 꿈과 소망이 담겨 있기 때문이다. 신화는 인간이 하고 싶지만 할 수 없는 이야기를 신들의 모습을 통해 들려주고 있다. 따라서 신화를 공부하는 것은 인간을 탐구하는 것과 같다.

그리스 신화는 초자연적 무대를 배경으로 수많은 신들이 등장한다. 천지창조와 인간의 탄생, 신들의 왕 제우스, 인간에게 불을 준 프로메테우스, 신들의 여왕이자 제우스의 아내로 남편의 불륜을 철저하게 응징하는 헤라, 지혜의 여신 아테네, 사랑과 욕망의 여신 아프로디테, 그리고 영웅(인간) 헤라클레스와 테세우스 등 신과 인간들의 이야기가 흥미롭게 펼쳐진다.

여기서 의문이 생긴다. 그리스 신화에 등장하는 신들의 파렴치와 부도덕성, 악마성 때문이다. 그리스 신화를 읽다 보면 깜짝 놀라곤 하는데, 무엇보다 그 악마성과 엽기성에 혀를 내두른다. 근친상간, 친가족 살해, 납치와 유괴, 청부 살해 등 오늘날 언론의 헤드라인을 장식할 만큼 충격적인 사건들이 난무하기 때문이다. 간통은 다반사에 부모 자식의 관계도 처참하기 이를 데 없다. 그리스 신들은 점잖고 전지전능한 존재가 아니라 인간보다 더 '욕망하는 신'들이다.

그리스 신화는 선하고 착한 이야기보다는 악한 이야기가 대부분이다. 이런 부정적인 신들의 모습에서 어떻게 서구 문화의 원형을 찾을 수 있을지 의문이 들기 마련이다. 하지만 신화는 우주의 생성과 자연 현상, 인간의 기원에 대해 답을 제시해주는 원시 과학이다. 특히 그리스 신화의 복수와 저주 이야기는 적나라한 인간상을 제시해, 인간의 본질에 대해 탐구하도록 했다.

그리스 신화 속 복수와 저주의 이야기

그리스 신화는 신들과 인간(영웅)의 끝없는 복수와 저주의 이야기를 담고 있다. 테베의 왕 오이디푸스는 친부를 살해하고 친모를 아내로 맞는다. 영웅 아가멤논은 자신의 딸을 트로이 전쟁의 제물로 바친다. 테베의 왕 펜테우스는 디오니소스의 분노를 사는 바람에 어머니의 손에 죽는다. 마녀 메데이아는 남편에게 복수하기 위해 자식을 희생시킨다.

어떤 이야기들은 현대의 그 어떤 사건보다도 전율에 휩싸이게 한다. 예를 들면 오이디푸스는 자신도 모르는 새 친아버지를 살해하고 친어머니와 결혼을 하는데, 뒤늦게 이 사실을 깨닫고는 스스로 자신의 눈을 멀게 한다. 여기서 그 유명한 '오이디푸스 콤플렉스'가 나왔다. 바람을 피운 어머니가 정부와 손잡고 아버지를 죽이자, 딸이 남동생과 힘을 합쳐 아버지의 원수를 갚는 이야기도 있다. 여기서 '엘렉트라 콤플렉스'가 유래한다.

그리스 신화에서는 가정 공동체가 철저하게 파괴당한다. 오이디푸스의 두 아들인 에테오클레스와 폴리네이케스의 이야기가 대표적이다. 테베의 왕 오이디푸스는 친모와 결혼한 사실이 알려지며 나라에서 추방당하는데, 두 아들은 아버지를 모욕했고 아버지를 쫓아내는 친척을 막지도 않았다. 오이디푸스는 아들들을 저주한다. 이후 테베 왕국은 두 형제가 공동으로 통치하기로 하는데, 둘은 서로 싸우다 모두 상대편의 손에 쓰러진다. 아버지 오이디푸스의 저주가 이루어진 것이다.

헤라 여신의 질투와 분노

그리스 신화에는 수많은 신들의 스캔들이 나온다. 대표적인 바람둥이는 신들의 왕 제우스였다. 제우스는 본부인 헤라와 2남 4녀를 두었는데, 이외에도 그가 유혹한 여신과 여인은 30여 명에 이르며 그 자녀는 헤아릴 수 없다.

그리스 신화는 제우스의 외도와 헤라의 복수가 주를 이룬다. 재미있는 것은 신들의 왕인 제우스조차 자신의 외도를 아내인 헤라에게 감추느라 온갖 술책을 다 쓴다는 점이다. 모든 신들의 왕이라는 자가 저리 경박한 행동을 하는 걸까, 절로 웃음이 나온다. 예컨대 제우스는 헤라의 눈을 피하기 위해 황소로 변신해서 에우로페에게 다가가 사랑을 나눈다. 에우로페의 이름은 지금도 전해지고 있는데, 그녀의 이름에서 '유럽'이라는 낱말이 나왔다.

또한 제우스는 레다(아이톨리아의 왕 테스티오스와 에우리테미스 사이에 난 딸)에게 백조로 변신해 접근했다. 레다는 백조의 알을 낳았고, 그 알에서 그리스 최고의 미녀 헬레네가 태어났다. 그리고 영웅 암피트리온이 전장에 나가 있을 무렵, 제우스는 암피트리온의 모습으로 변신해 그의 아내 알크메네에게 접근한다. 이때 영웅 헤라클레스가 태어났다.

바람둥이 제우스의 본부인 헤라는 제우스의 아내이자 누이다. 얄궂게도 '혼인의 신'이지만 제우스가 사랑한 여성에게는 끝까지 복수하고 응징하는 '저주의 화신'이기도 하다. 헤라는 상대 여성이 누구든 거침없이 징벌한다. 불륜 당사자뿐만 아니라 그 자식까지도 인정사정 봐주지 않았다.

'트로이 전쟁'도 헤라의 저주에서 출발한다. 불화의 여신 에리스는 툭하면 시비를 잘 걸어 어느 누구에게도 환영받지 못했다. 바다의 정령인 테티스와 인간의 영웅 펠레우스의 결혼식에 모든 신들이 초청받았지만, 에리스는 홀로 초대장을 받지 못했다. 에리스는 이를 앙갚음하려고 결혼식장에 '황금 사과'를 던졌다. 그 사과에는 '가장 아름다운 여신에게'라는 문구가 적혀 있었다.

그 자리에는 그리스 신화에서 가장 세력 있고 허영심이 강한 세 여신이 있었는데, 신들의 여왕인 헤라와 지혜의 여신 아테네, 사랑과 욕망의 여신 아프로디테였다. 세 여신은 자신이 그 사과의 주인이라며 다퉜다. 그러나 그 자리에는 누가 가장 아름답다고 결정해줄 용감한 신이 없었다. 이들 여신의 보복이 두려웠기 때문이다.

난처해진 제우스는 트로이의 왕자 파리스에게 그 결정을 떠넘긴다. 그러자 세 여신 모두 파리스에게 달콤한 제안을 했다. 헤라는 파리스를 아시아의 왕으로 만들어 주겠다고 했다. 아테네는 전투에서 승리하는 영웅이 되게 해주겠다고 제안했다. 아프로디테는 세상에서 가장 아름다운 여인인 헬레네과 결혼을 시켜주겠다고 약속했다.

파리스는 아프로디테의 손을 들어주었고, 아프로디테는 파리스에게 헬레네를 넘겨준다. 이때 노여움을 삭이지 못한 헤라의 부추김으로 트로이 전쟁이 벌어졌고, 이후 파리스는 비참한 죽음을 맞이하게 된다.

여기서 '파리스의 선택'이라는 표현이 나왔다. 이는 여러 사람 가운데 한 사람을 선택함으로써 다른 사람의 기분을 상하게 만드는 것을 뜻한다. 파리스의 선택은 서양 미술 작품에서 단골 소재로 쓰이기도 했다. 에리스의 황금 사과도 인문학의 원형으로 두루 쓰인다. 애플의 스티브 잡스가 에리스의 황금 사과를 회사의 로고로 삼았다는 설도 있다.

복수와 저주를 기저로 한 그리스 신화는 적나라한 인간상을 드러내며 서구의 문화·예술·문학에 지대한 영향을 끼쳤다. 그리스 신화는 고대에서 현대에 이르기까지 수많은 시인과 예술가들이 영감을 얻는 창작의 원천이 되어 왔다.

그리스 신화, 헬레니즘 문화의 뿌리가 되다

흔히 서양 문화는 헬레니즘 문화와 헤브라이즘 문화의 융합으로 이루어졌다고 한다. 헬레니즘은 고대 그리스의 인간 중심 문화를 반영하고 있으며, 개방적이고 보편적인 시민 문화를 추구하는 것이 특징이다.

그리스 신화에 난무하는 복수와 저주의 이야기는 헬레니즘 문화에 해당한다. 어쩌면 서구 세계를 만든 헬레니즘 문화는 그 시원부터 투쟁과 배반, 복수와 저주에서 잉태되었다고 할 수 있지 않을까?

여기에 엄격한 도덕률과 가정 공동체를 중시하는 헤브라이즘 문화가 융합되었다. 헤브라이즘은 구약성서를 바탕으로 하며, 신에 대한 복종과 윤리적 행동을 강조한다.

헬레니즘과 헤브라이즘은 서로 화합하기도 하고 대립하기도 하면서 서구 문화를 발전시켜 왔다. 투쟁과 복수, 저주와 욕망으로 점철된 헬레니즘 문화와 사랑과 용서를 강조한 헤브라이즘 문화는 인간의 양면성을 드러낸다. 이를 통해 서구 사회는 일종의 '정화' 내지 '승화'를 이루면서 발전해 왔다고 할 수 있다.

『그리스 신화』
깊이 읽기

1. 그리스 신화는 왜 신과 인간의 악마성을 그렸을까?

"신은 이 땅의 모든 사람을 다 미치게 했다."

이는 고대 그리스의 비극 시인인 에우리피데스의 『박코스 여신도들』에 나오는 문구다. 박코스는 그리스 신 디오니소스의 로마식 표기다. 그리스 비극의 3대 작가는 아이스킬로스, 소포클레스, 에우리피데스다. 그리스 비극은 에우리피데스에 이르러 투쟁의 당사자가 신이 아닌 인간으로 바뀐다.

에우리피데스는 소크라테스와 동시대를 살았고 페르시아 전쟁 중에 태어났다. 그는 전쟁에서 승리한 후 아테네에 감도는 모든 거짓된 영광을 꿰뚫고 이면에 감추어져 있는 끔찍한 악을 보았다. 전쟁이라는 이름으로 행해진 거대한 폭력에 아테네 시민들은 참상을 겪었고 고통스러운 나날을 보냈다. 따라서 그가 쓴 비극은 보복과 폭력이 불러오는 악순환의 위험을 경고하는 내용이 주를 이룬다.

에우리피데스의 대표작인 『박코스 여신도들』에는 인간 펜테우스, 그리고 인간으로 위장한 술의 신 디오니소스의 투쟁이 나온다. 디오니소스는 자신을 신으로 경배하지 않는 테베의 왕 펜테우스를 응징하기 위해 인간의 모습을 하고 등장한다. 펜테우스는 디오니소스 신의 경배를 거부하고 디오니소스의 신성을 부정하는데, 급기야 디오니소스를 잡아오라고 한다.

디오니소스는 펜테우스의 탄압에 분노해 보복하기로 마음먹는다. 이에 펜테우스의 어머니 아가베와 그의 누이들, 그리고 테베의 여인들을 언덕으로 불러들여 광란의 축제를 벌인 뒤, 아가베가 아들 펜테우스를 갈기갈기 찢어 죽이도록 한다. 디오니소스는 인간이 신과 겨룬다면 파멸뿐이라고 경고한 것이다.

펜테우스는 표면적으로는 디오니소스의 광기에 맞서 싸우는 이성적인 인간의 전형이라고 볼 수도 있지만, 오직 폭력으로 사태를 해결하려는 비이성적 통치자로 결국 자신을 낳아준 어머니의 손에 참혹한 최후를 맞는다.

에우리피데스의 다른 비극 작품으로는 『메데이아』가 있다. 메데이아는 남편 이아손의 아버지를 죽인 펠레우스를 살해하면서 남편의 원수를 갚는 데 앞장선다. 하지만 정작 메데이아에게 돌아온 것은 남편의 배신이었다. 이아손은 메데이아의 도움으로 황금 양피를 얻어 왕이 되자, 메데이아를 내치고 새장가를 갔다. 남편 이아손에게 버림받은 메데이아는 복수를 위해 자신의 자식을 살해한다.

그리스 비극은 투쟁과 분노, 복수를 통해 인간의 본성을 적나라하게 드러낸다. 그리스 비극이 악한 신의 이야기를 다루는 이유는 타락하고 사악한 인간을 경계하기 위해서다. 에우리피데스는 전쟁의 참상을 비판하기 위해 신의 이름을 빌려 폭력과 보복에 대해 경고했다. 그리스 비극은 인간이 저지를 수 있는 극한의 모습을 보여주어 올바르게 사는 것이 무엇인지 알려준다.

2. 신화의 시대에서 인간의 시대로

그리스의 역사가인 헤로도토스는 그리스의 서사 시인 호메로스와 헤시오도스가 그리스인들에게 신을 만들어 주었다고 주장했다. 두 사람은 기원전 8세기에 살면서 그리스 문화를 비롯해 서양 문화의 위대한 창시자가 되었다. 호메로스가 『일리아스』에서 영웅들의 비범한 행위와 고통을 그렸다면, 헤시오도스는 『신통기』에서 그리스인에게 신의 계보를 만들어 주었다.

헤시오도스의 『신통기』에 따르면, 제우스가 신들의 제왕이 된 이유는 저절로 권력이 주어진 때문이 아니라, 스스로 권력 투쟁을 한 덕분이었다. 막내아들인 제우스는 아버지 크로노스가 마음대로 권력을 휘두르자, 형제들과 힘을 합쳐 아버지를 몰아내고 신들과 인간들의 왕이 되었다. 신들의 세계도 자식이 부모를 배반하는 권력 투쟁으로 시작된 것이다.

헤시오도스는 『노동과 나날』에서 인간들이 살게 된 시대를 황금 시대, 은의 시대, 청동 시대, 영웅 시대, 철의 시대 등 다섯 시대로 구분한다. 최초의 인류는 질병이나 전쟁의 고통 없이 행복하게 살던 '황금 종족'이었는데, 그 이후로 사람들이 점점 타락한다. 은 종족은 신들을 경배하지 않는 불경을 일삼았고, 청동 종족은 전쟁 외에는 아무 일도 하지 않았다. 영웅 종족은 청동 종족과 대응되는데, 전쟁을 하고 전쟁터에서 죽지만 청동 종족보다 더 정의롭고 용감한 데다가 절제할 줄 알고 신성한 모든 것을 존중했다. 영웅들은 죽으면 신들과 비슷한 삶을 살았다.

마지막으로 철의 종족은 타락한 인간이다. 헤시오도스는 타락한 인간에 대해 이렇게 썼다.

> "자식들은 아버지의 말에 따르지 않을 것이고, 아버지는 자식들의 말에 동의하지 않을 것이다. […] 그들은 늙으신 부모님을 돌보아드리지는 않고 주먹을 휘두를 것이다. […] 정의는 주먹에 있고, 악한 자가 잘못된 말로 덕이 있는 사람을 해치며 위증을 일삼을 것이다."

헤시오도스는 이렇게 되면 이 종족도 멸망할 것이라고 적었다. 악을 행하는 자들을 경계하는 내용이 『노동과 나날』에도 담겨 있는 것이다. 그리스 신들의 보복 문화가 철의 종족인 인간에게도 이어졌음을 알 수 있다. 이러한 보복 문화는 그리스 문화의 원형이 되었다.

그리스 신화를 모태로 한 그리스 비극의 전성기는 에우리피데스를 끝으로 쇠퇴하게 된다. 그 배경에는 신과 영웅 대신 인간의 고통과 삶에 관심을 가진 소크라테스가 있었다.

신화는 신들이 중심이 되는 세계의 이야기라고 할 수 있는데, 그리스의 경우 소크라테스가 "네 자신을 알라."라는 유명한 명제를 던

짐으로써 신화의 시대에서 마침내 인간의 시대로 전진할 수 있었다. 소크라테스는 신들이 중심인 신화의 시대에서 인간이 중심인 역사의 시대로 옮겨가는 과도기에 살았던 인물이다. 소크라테스는 신이 아닌 인간이 새로운 질서를 만들어야 한다고 주장했다.

소크라테스의 이러한 발언은 아직 신화의 시대에서 벗어나지 못한 시민들의 미움을 샀다. 결국 소크라테스는 그리스 시민들에게 '신성모독죄'로 고발당했다. 하지만 신들의 시대는 마침내 인간의 시대로 이행하면서 그리스 문명을 꽃피웠고, 위대한 로마 시대로 이어졌다.

리더는 어떤 자질을
지녀야 할까?

마키아벨리, 『군주론』

『군주론』은 정치적으로 몹시 혼란스러웠던 르네상스 시기, 이탈리아의 정치 이론가 마키아벨리가 쓴 책이다. 1512년에 집필했으나 마키아벨리가 죽은 뒤에야 세상에 나오게 되었다. 당시 이탈리아는 많은 도시 국가로 분열되어 세력 다툼이 한창이었다. 반면 절대 군주 아래 강력한 통일 국가를 형성하고 있던 주변 국가, 특히 프랑스는 틈틈이 이탈리아를 침략할 기회를 노렸다.

마키아벨리는 피렌체 공화정의 공무원으로 외교 사절 임무를 수행했다. 그는 프랑스의 루이 12세, 체사레 보르자, 교황 율리우스 2세, 막시밀리안 황제 등 당대 통치자들의 행태를 보면서 권력의 냉혹한 속성을 파악하고 『군주론』을 썼다. 『군주론』은 정치 세계를 움직이는 리더들이 반드시 알아야 하는 권력과 인간의 속성을 꿰뚫었다는 평가를 받는다.

힘 있는 집단에 미움받는 일을 피하라

동서고금을 막론하고 어느 시대나 권력을 상징하는 집단이 있다. 귀족, 자본가, 군인을 예로 들 수 있다. 자본의 힘이 사회를 지배하는 오늘날은 재벌 기업가들의 힘이 막강하다. 정치인들도 경제의 주체인 자본가들과 타협한다. 과거 우리나라는 박정희·전두환·노태우 군사 정권 시절 군인들에게 의지했다.

역사적으로 절대 권력을 지닌 왕이나 황제조차도 귀족과 군인 세력 중에 하나를 자신의 권력 기반으로 택했다. 군인의 세력이 막강하면 황제는 군인에게 아첨하며 권력을 유지했다. 군인들의 비위를 맞추지 못할 경우 권력을 잃기도 했다. 달리 말하면 권력을 장악한 절대 권력자도 지지 세력을 무시하면 권좌에서 쫓겨나는 등 치명적인 위기를 맞곤 했다.

『군주론』에서는 아주 인상적인 내용을 찾아볼 수 있는데, 바로 로마 황제들도 살아남기 위해 우리가 흔히 말하는 '줄'을 섰다는 것이다. 『군주론』은 로마를 이루는 3대 집단으로 귀족, 시민, 군인을 꼽았다. 로마 황제는 늘 귀족(원로원)과 군인들에게 둘러싸여 있었다. 반면 힘없는 시민들은 황제의 관심사 밖이었다. 국민이 대표를 뽑는 현대 국가에서도 시민들은 권력에서 소외되고 있는데, 고대 국가에서는 더 말할 나위가 없었을 것이다. 로마 황제들은 귀족과 시민, 군인 모두를 동시에 만족시키는 정치를 할 수 없었다.

마키아벨리는 권력을 유지하기 위해서는 무엇보다 다른 집단과의 관계가 중요하다고 강조했다. 마키아벨리의 분석에 따르면, 로마 황제들은 귀족과 시민, 군인 중에서 대부분 '군인' 편을 들었다. 군인들의 권력욕과 탐욕을 충족하기 위해 황제는 시민들을 희생의 제물로 바쳤다. 가령 시민들은 검투 경기에서 군인들의 눈요기를 위해 먹잇감이 되곤 했다. 세 집단의 상반되는 욕구를 모두 충족시킬 수 없을 때는 우선 군인이나 귀족들을 만족시키고자 애를 썼지, 시민이 박해를 당하는 일에는 별 신경을 쓰지 않았다.

달리 말하자면, 황제도 가장 힘 있는 집단으로부터 미움을 받을 경우 권력을 유지할 수 없었다. 황제는 어느 한편으로부터 미움을 받더라도 가장 힘이 센 집단의 눈 밖에 나서는 안 됐다. 그 예로 군인이 가장 강력한 집단일 때 군인의 비위를 맞춘 황제는 살아남았고, 그렇지 못한 황제는 비운을 맞았다.

마키아벨리는 군주란 어느 한편으로부터 미움을 받는 것을 피할 수 없기 때문에, 그가 해야 할 첫 번째 일은 '모든 사람에게 미움을 받는 일을 피하는 것'이라고 조언했다. 특히 그 시대의 가장 강력한 집단으로부터 결코 미움을 받아서는 안 된다고 강조했다. 우리나라에서도 군사 독재 시절 권력자가 부패한 군인들의 비호를 받은 것처럼, 그 집단의 부패 여부는 상관없다.

이때 눈길을 끄는 것은 선한 황제든 악한 황제든 군인에게 줄서기를 잘못하거나 미움을 받으면 가차 없이 축출되었다는 점이다. 오히려 선행을 하더라도 군인들의 미움을 받는 경우 권좌에서 쫓겨나기도 했다. 이야말로 권력의 역설이 아닐 수 없다.

로마의 어떤 황제는 인자하고 선하게 다스려 비운을 맞기도 했다. 마키아벨리는 193년 로마 황제로 추대된 페르티낙스가 대표적인 인물이라고 지적했다. 그는 절제할 줄 알고 정의를 사랑했으며 모두에게 인도적이고 너그러웠다. 그러나 이와 같은 이유로 군인들의 지지를 받는 데 실패했고, 군인들의 미움과 경멸을 받아 193년 3월, 황제의 자리에 오른 지 두 달 만에 군인들의 손에 죽고 만다.

또한 로마의 알렉산데르 세베루스 황제는 절제와 청렴의 상징으로 통했다. 재위한 기간 동안 그가 재판 없이 처형한 사람은 단 한 사람도 없었다. 원로원과 협조 관계를 유지하며 문치주의에 힘썼다. 달리 말하자면 귀족을 주축으로 하면서 시민을 정치적 기반으로 삼았다. 이는 결국 군인들의 반발을 초래했다. 군인들은 그를 유약하다고 평가 절하했고, 어머니의 치마폭에 싸인 인물이라며 경멸했다. 결국 그는 반란을 일으킨 군인들의 손에 피살되었다.

"현명한 군주는 자신을 두려운 존재로 만들되, 비록 사랑받지는 못하더라도 미움을 받는 일은 피해야 한다."

즉, 군주는 무슨 수를 써서라도 가장 강력한 집단으로부터 미움받는 일을 피해야 한다는 말이다.

정치란 도덕과 상관없는 '처세술'

르네상스 시대, 이탈리아 로마냐 도시 광장에서 끔찍한 광경이 벌어졌다. 그곳에서는 불과 얼마 전까지 이곳의 총독이었던 레미로 데 오르코의 결박된 사지와 피 묻은 칼이 놓여 있었다. 이 처형은 로마냐 공작인 체사레 보르자의 명령으로 이루어졌다.

체사레 보르자는 교황인 알렉산데르 6세의 서자로 태어나, 아버지의 지원으로 중부 이탈리아의 로마냐 지방을 정복했다. 보르자는 수단과 방법을 가리지 않는 냉혹한 처사로 사람들을 떨게 했다. 공국이 시민들의 봉기로 통제할 수 없을 정도에 이르자, 보르자는 데 오르코를 자신을 대신할 총독으로 임명했다.

데 오르코는 단시간에 공국의 안정과 질서를 되찾아 갔다. 하지만 시민들을 잔인하게 다루었고, 모든 시민은 그를 증오하게 되었다. 보르자는 자신을 데 오르코와 차별시키지 않으면 곧 시민들이 자신까지 증오하리라고 직감했다. 그래서 본보기를 보여주고자 데 오르코를 모든 사람이 보는 앞에서 끔찍하게 처형했다.

이 사건은 시민들에게 큰 충격을 주었다. 데 오르코의 처형을 본 시민들은 그때부터 보르자를 존경했다. 자신들을 괴롭히던 지배자를 응징한 보르자의 행동을 존경과 두려움이 뒤섞인 시선으로 바라본 것이다.

마키아벨리는 이 일화를 정치적으로 모범적인 행동이라고 설명했다. 마키아벨리가 볼 때 보르자는 모범적인 군주다. 그는 자신의 권력을 잃지 않고 강화하는 법을 알았기 때문이다.

마키아벨리는 "정치란 도덕과 아무런 상관이 없다."라고 주장했다. 훌륭한 지배자는 선함이나 정의로움 같은 도덕과는 별개로, 권력을 유지하기 위해 나쁜 인간으로도 행동할 수 있어야 한다는 것이다. 마키아벨리의 주장은 국가의 평화와 안전, 번영을 위해서는 강력한 지배가 필요하다는 정치적 관점이다.

이러한 사상은 마키아벨리가 피렌체 공화국에서 일하던 당시, 이탈리아의 가장 막강한 인사들을 만난 시기에 형성된 것이었다. 마키아벨리는 가장 가까운 곳에서 통치 행위를 관찰했다. 정치적 불안이 계속되는 시기, 그는 정치 권력이 어떻게 지속적으로 유지될 수 있는지 자문했다. 그리고 모든 정치 행위는 권력의 획득과 유지에 종속되어야 한다는 결론을 내렸다. 이를 위해서는 모든 수단이 정당하다고 보았다.

군주가 배워야만 하는 첫 번째 교훈은 필요에 따라 선하지 않아도 된다는 것이다. 마키아벨리의 분석에 따르면, 권력 유지를 위해서는 도덕적으로 행동하는 것보다 부도덕하게 행동하는 것이 훨씬 더 유리하다.

우리는 흔히 집권자에게 현명함, 공정함, 용기, 절제 등의 덕목을 요구하는데, 마키아벨리가 자신의 군주에게 요구한 덕목은 실용주의, 계산, 현실 감각이었다. 또 군주는 자신의 명성을 위해 행동해서는 안 된다고도 주장했다. 어차피 모두에게 공정할 수는 없기 때문이다. 군주가 잃지 말아야 할 유일한 명성은 '권력을 유지할 줄 아는 사람이라는 명성'뿐이라고 했다.

리더가 되려면 두 얼굴의 '야누스'가 돼라

마키아벨리는 선한 군주가 강한 집단의 미움을 받지 않으려면 야누스(로마 신화에 나오는 두 얼굴을 가진 신)처럼 두 가지 기질을 가지고 있어야 한다고 조언했다.

> "군주는 짐승처럼 행동하는 법을 알아야 한다. 따라서 여우와 사자의 기질을 모방해야 한다."

그 이유로 마키아벨리는 "사자는 함정에 빠지기 쉽고, 여우는 늑대를 물리칠 수 없기 때문이다. 따라서 함정을 알아채기 위해서는 교활한 여우가 되어야 하고, 늑대를 혼내주려면 잔혹한 사자가 되어야 한다."라고 주장했다. 리더가 되려면 여우의 지혜와 사자의 용맹한 기질을 지녀야 한다는 조언은 오늘날에도 유효한 경구가 아닐 수 없다.

마키아벨리는 특히 여우의 기질을 가장 잘 모방한 자들이 가장 큰 성공을 거두었다고 강조했다. 그 대표적인 인물로 셉티미우스 세베루스를 꼽았는데, 로마의 황제가 된 그는 시민과 군인들로부터 존경을 받기까지 했다.

단, 마키아벨리는 여우다운 기질은 잘 위장해 숨겨야 한다고 조언했다. 겉으로 드러나면 본색이 탄로나기 때문이다. 셉티미우스 세베루스는 비록 시민들을 탄압했지만, 탁월한 능력으로 군대를 우호적으로 유지하고 끝까지 성공적으로 통치할 수 있었다. 이러한 기질 덕분에 그는 군인들과 시민들의 눈에 탁월한 인물로 비쳤다. 시민들은 놀라움과 경외감을 가지고 그를 바라보았으며, 군인들은 그를 존경스럽고 만족스럽게 여겼다.

마키아벨리는 "운명의 힘은 인간 행위의 절반을 좌우하는지도 모른다. 그러나 운명도 나머지 절반은 우리 인간에게 맡겨놓은 것이 아닐까 한다."라고 주장했다. 조직을 이끈다는 것은 현실에서 일어나는 여러 갈등 속에서 고군분투하는 고독한 투쟁이자, 자기 자신과의 처절한 싸움일 수밖에 없기 때문이다.

특히 마키아벨리가 살았던 시대는 정치적으로 매우 혼란스러웠고 윤리 규범이 통하지 않았다. 마키아벨리 자신도 그 희생자였다. 스페인 군대가 피렌체 공화정을 무너뜨리자, 마키아벨리도 장관직에서 해임됐다. 그는 군주 가문인 메디치가를 노린 반란 음모자로 낙인찍혀 고문을 당한 후 석방돼 피렌체 근교의 한 농장에 은둔하다 가난과 불운 속에서 세상을 떠났다.

그런 마키아벨리가 보기에 권력을 유지하는 데 성공한 체사레 보르자나 셉티미우스 세베루스는 그의 주장에 적합한 리더였다. 마키아벨리는 내심 자신도 가혹한 운명을 이겨내고 반전을 이룰 수 있다는 기대를 했을지도 모른다. 그가 자유 의지를 강조한 이유도 여기에 있을 것이다.

『군주론』은 마키아벨리가 죽은 지 5년 후인 1532년에 출간됐다. 메디치가의 관심을 끌지 못했던 이 책은 마침내 엄청난 주목을 받았고, 도덕주의자들의 거센 비판을 불러일으켰다. 결국 1559년 교황 파울루스 4세는 『군주론』을 포함한 마키아벨리의 모든 저작을 교황청 금서 목록에 등재했다.

마키아벨리에 따르면, 플라톤이 주장한 도덕이나 정의는 군주의 자질과는 거리가 멀다. 마키아벨리가 주장한 군주의 자질은 권력을 유지하는 데 초점을 두고 있다. 그래서 '마키아벨리즘'은 목적을 위해서는 수단과 방법을 가리지 않는 권모술수의 상징으로 비난받기도 한다. 하지만 정치의 현실과 권력의 속성을 잘 나타내고 있다는 것은 부인할 수 없다.

마키아벨리의 『군주론』은 17~18세기 계몽주의 사상가인 몽테스키외, 루소, 볼테르, 헤겔 등 국가주의 사상가들의 찬양을 받았다. 이탈리아 공산당의 창시자인 안토니오 그람시는 『군주론』을 정치 권력에 대한 이론서가 아니라, 압박받는 인민들의 집단 의지를 폭발시키기 위한 정치 선언서로 이해했다. 『군주론』은 시대마다 새롭게 태어나고 해석되어 왔다. 마키아벨리는 종교나 도덕의 세계로부터 독립한 정치의 세계를 발견한 것이나 마찬가지였다. 이것이 마키아벨리가 근대 정치학의 기초를 정립했다고 평가받는 이유이기도 하다.

『군주론』을 읽으면 인간에 대한 신뢰보다 불신이 더 깊게 다가온다. 도덕이나 선, 덕을 이야기하는 것이 되레 순진해 보인다. 그러나 『군주론』은 리더의 자질에 대한 아주 현실적인 조언이자 처방이라는 평을 받는다. 군주도 권력을 욕망하는 인간을 상대로 지휘력을 발휘해야 하는 것이 현실이다. 그러려면 한편으로는 덕으로 다가가야 하지만, 다른 한편으로는 여우와 같은 교활함으로 무장한 두 얼굴의 야누스가 되어야 한다.

『군주론』은 두 얼굴을 가진 인간의 모습을 보여 주는 고전으로, 리더 또는 리더가 되고자 하는 이들이 참고하기에 손색이 없는 교본이다.

『군주론』
깊이 읽기

1. '마키아벨리즘'의 세 가지 의미

마키아벨리즘은 흔히 '이기적이고 교활하며 도덕적으로 잘못된 행위를 정당화하는 관념 체계'를 지칭한다. 마키아벨리 연구가인 곽차섭에 따르면, 학문적으로 마키아벨리즘의 개념은 세 가지 의미로 이해할 수 있다.

첫째, 마키아벨리즘은 공익, 특히 국가 이익을 위해서는 도덕적인 선악과는 관계없이 효율성과 유용성만을 고려하는 마키아벨리 자신의 정치 사상을 지칭한다.

둘째, 정치적 행위자들이 공익을 무시하면서 수단과 방법을 가리지 않고 자기 자신이나 자신이 속한 집단의 이익만을 추구하는 정치적 관행을 지칭한다.

셋째, 가장 광범위한 의미에서 마키아벨리즘은 정치라는 범주를 넘어, 일상생활에서 자기 자신의 이익을 위해 거리낌없이 남을 희생시키는 처세 방식을 가리킨다.

일반적으로 통용되는 마키아벨리즘의 의미는 세 번째지만, 마키아벨리 본래의 정치 사상에 가장 충실한 것은 첫 번째다.

2. 『군주론』의 냉혹한 세 가지 처세술

마키아벨리가 주장하는 냉혹한 통치술은 다음의 세 가지 명제에서 확인할 수 있다.

① 냉혹한 리더가 되라

"인간은 두려움을 불러일으키는 자보다 사랑을 베푸는 자에게 해를 끼치는 것을 덜 주저한다."

마키아벨리는 사랑을 베풀면 결국 배신을 당한다고 주장했다. 은혜를 베푼 사람이 궁지에 몰리면, 정작 은혜를 받은 사람은 이를 외면한다는 것이다. 반면 동양의 처세술에 따르면 사랑을 이기는 무기는 없다. 많이 베풀면 결국 되돌아오기 마련이다. 흘휴시복吃虧是福, 즉 "손해를 보는 것이 장기적으로 이익이다."라는 말은 중국에서 가장 오래된 성공 명언이다.

그런데 『군주론』에서는 이와 반대로 베풀지 말고 두려움을 주라고 강조했다. 물론 이러한 지침은 군주나 장군처럼 최고 리더의 지위에 있을 때다. 마키아벨리는 카르타고의 명장 한니발과 고대 로마의 장군 스키피오의 사례를 비교했다. 마키아벨리는 부하들에게 냉혹했던 한니발에게 후한 점수를 줬다. 한니발은 잔인하게 부하를 통솔해 배반자가 없었지만, 스키피오는 자비롭게 통솔해 배반하는 부하들이 많았기 때문이다.

알프스 산맥을 넘어와 로마로 진격한 한니발은 용병을 거느리고 싸웠지만, 내부 분란이 없었고 로마를 떨게 할 수 있었다. 반면 스키피오는 당대는 물론 후대에도 훌륭한 인물로 평가받았으나 그의 군대는 스페인에서 반란을 일으켰다. 마키아벨리는 그가 너무나 관대해 병사들에게 많은 자유를 허용했기 때문이라고 풀이했다.

마키아벨리에 따르면, 인간이란 은혜를 모르고 변덕스러운데다가

위선적이고 기만에 능하며 이익에 눈이 멀어 행동한다. 은혜를 베푸는 동안에는 온갖 충성을 다하지만, 정작 궁지에 몰리면 돌변해서 모두 등을 돌린다. 반대로 두려움을 주면, 생명을 내줄 것처럼 말하고 자식마저도 바칠 것처럼 행동한다.

이는 인간이 지나치게 이해타산적인 존재이기 때문이다. 두려움을 주면 처벌이 뒤따를 것을 우려해 배반하지 않지만, 사랑을 주면 배반해도 처벌하지 않을 것을 알고 눈앞의 이익을 좇는다는 것이다. 오늘날 우리 주변에서도 이익을 좇아 믿음을 저버리는 사람들을 흔히 볼 수 있다.

② 착한 척하는 리더가 되라

"자비롭고 신의가 있고 인간적이고 정직하고 경건하게 보이는 것이 좋고, 또한 실제로 그런 것이 좋다. 그러나 달리 행동하는 것이 필요하면, 당신은 정반대로 행동할 태세가 되어 있어야 하며 그렇게 행동할 수 있어야 한다."

마키아벨리는 군주라면 실제로 덕성을 갖출 필요는 없지만, '구비한 것처럼' 보여야 한다고 조언했다. 심지어 그는 "군주가 덕을 갖추고 늘 가꾸는 것은 해로운 반면에, 갖추고 있는 것처럼 보이는 것은 유용하다고까지 감히 장담하겠다."라고 강조했다. 이는 사람을 판단할 때 대부분 외양을 보고 판단하기 때문이라고 했다. 급기야 마키아벨리는 '착한' 리더는 성공할 수 없고 '착한 것처럼 보이는' 리더가 성공한다고 주장했다.

③ 복수는 무자비하게 하라

"어중간한 조치는 피해야 한다. 인간들이란 다정하게 안아 주거나 아니면 아주 짓밟아 뭉개 버려야 한다."

그 이유로 마키아벨리는 인간이란 사소한 피해를 입으면 보복하려 들지만, 엄청난 피해에 대해서는 감히 복수할 엄두도 못 내기 때문이라고 설명했다.

"사람들에게 피해를 입히려면 복수를 두려워할 필요가 없도록 아예 크게 입혀야 한다."

『군주론』에 나오는 이 문장은 읽는 것만으로도 잔혹한 생존 법칙에 전율을 느끼게 한다.

마키아벨리는 또 다른 저서인 『로마사 논고』에서 "모든 양심의 가책을 제쳐 놓고, 인간은 모름지기 조국의 생존과 자유를 유지하는 계획을 최대한 따라야 한다."라고 썼다. 그래서 마키아벨리는 훗날 헤겔의 국가주의와 나치즘에 사상적 기반을 제공했다는 비판을 받았다.

더욱이 "통치자는 만약 그로부터 좋은 결과가 나온다면 악행을 저지를 태세가 되어 있어야 한다."라거나 "군주는 잔인하다는 악평쯤은 개의치 말아야 한다."라는 마키아벨리의 주장은 권력의 폭력성을 절로 연상하게 한다.

7

역사를 어떻게
바라보아야 할까?

일연, 『삼국유사』

고려시대의 승려이자 학자였던 일연은 김부식이 『삼국사기』(1145)를 편찬한 지 130여 년 후에 『삼국유사』(1281)를 썼다. 일연은 『삼국사기』를 보완하기 위해 『삼국유사』를 지었다. 김부식이 『삼국사기』를 지어 중국의 문물이나 사상을 우러러 바라보자, 아쉬움을 느낀 일연은 우리나라도 중국 못지않게 유구한 역사를 지닌 민족임을 드러내고자 했다. 정사인 『삼국사기』와 야사인 『삼국유사』의 가장 큰 차이점은 바로 '단군의 소개 여부'다. 고조선에 관한 서술은 한국의 반만년 역사를 내세울 수 있게 하고, 단군 신화는 단군을 나라의 시조로 받드는 근거를 제시하는 기록이 되었다. 그 밖에도 『삼국유사』에는 많은 전설과 신화, 신라의 향가를 수록해 고대 문학에서 절대적인 가치를 지닌다.

왜 『삼국유사』는 단군 신화를 기록했을까?

인류의 위대한 고전들을 보면 절로 탄성이 나온다. 기원전 800년, 더 나아가 기원전 1000년에 일어난 이야기들이 지금까지 이어져 오고 일부는 기록으로 남아 있다는 사실은 경외롭기까지 하다.

중국의 경우, 공자가 기원전 5세기에 지은 『춘추』와 『시경』에서 고대 역사를 기록하고 있다. 『춘추』는 고대 역사를, 『시경』은 고대 노래(시)를 정리한 책이다. 『춘추』에 기록된 고대 역사는 노나라 은공 원년(BC 722년)부터 애공 14년(BC 481년)까지다. 『춘추』는 노나라의 역사에 더해 은·주라는 중국의 상고시대를 다루고 있다.

중국의 고대 역사서처럼 『삼국유사』에는 우리 민족의 시조가 된 단군을 기록한 「고조선조」가 나온다. 책의 맨 앞부분에 단군 신화를 배치했는데, 여기에 일연이 이 책을 쓴 의도가 드러난다. 또한 남아 있는 기록은 없지만 고조선에 있었다고 전해지는 기자 및 위만조선 등을 서술해, 우리 민족이 4000년의 역사를 가졌음을 강조했다.

『삼국유사』가 『삼국사기』와 확연히 다른 목적으로 쓰였다는 것은 일연이 책머리에 밝히는 '괴력난신'에 대한 관점을 살펴보면 알 수 있다. 괴력난신이란 '괴이한 이야기'로, 이성적으로 설명하기 어려운 불가사의한 현상이나 존재를 뜻한다. 『논어』의 「술이」 편에는 "공자는 괴력난신에 대해 말하지 않았다."라는 문장이 나온다. 공자는 건전하고 합리주의적인 성인으로, 괴력난신이라는 말을 입에 담는 것을 좋아하지 않았다고 한다. 이에 유학자인 김부식은 『삼국사기』를 저술하면서 유교적인 관점에 따라 괴력난신의 이야기를 싣지 않았다.

반면 일연은 괴력난신에 관한 이야기부터 앞부분에 실었다. 괴력난신의 이야기야말로 고대인들의 세계관을 나타낸다고 생각했기 때문이다. 서양의 고대 그리스 신화를 떠올려 보면 일연의 주장이 얼마나 설득력 있는지 알 수 있다. 서양의 문화는 고대 그리스나 로마의 신화를 알지 못하면 제대로 이해할 수 없을 정도이니 말이다.

사마천의 『사기』를 비롯한 고대 중국의 역사서도 삼황오제와 같은 괴력난신의 이야기로 시작한다. 삼황오제는 중국 고대 전설 속에 등장하는 여덟 명의 제왕을 일컫는다. 일연은 삼황 중 하나인 복희

씨도 무지개가 신모를 둘러싸서 태어났고, 한나라의 유방도 용으로부터 탄생했다고 소개했다.

"옛날 성인은 예절과 음악으로 나라를 세웠고, 인의仁義로 가르치는 일을 베풀었지만 괴력난신에 대해 말하지 않았다. 하지만 제왕이 일어날 때에는 반드시 부명(하늘이 제왕이 될 만한 사람에게 내리는 상서로운 징조)과 도록(어떤 증표를 서로 나누어 지니다가 뒷날 맞추어 증거로 삼은 물건)을 받는다. 반드시 보통 사람들과는 다른 점이 있었다. 이후 천자의 지위를 장악하고 제왕의 대업을 이룰 수 있었다."

일연은 『삼국유사』를 쓰면서 자신의 책이 당시 유학자들에게 괴력난신의 이야기로 평가 절하될 것을 염려해 첫 장에서 이렇게 밝히고 있다. 당대 고려 사회를 지배했던 유학자들을 설득하기 위해서였다. 덧붙여 일연은 "건국의 영웅들은 남다른 점이 있다. 그 점이 바로 괴력난신의 내용이기도 하다."라고 말했다.

"삼국의 시조가 모두 신비스럽고 기이한 데서 나온 것이 어찌 괴이하다 하겠는가? 이는 「기이紀異」편을 모든 편의 첫머리에 싣는 까닭이며 의도다."

우리나라의 역사가 단군이나 주몽 같은 신들의 이야기로 시작되는 것이 하나도 이상할 게 없다는 뜻이다. 정사인 『삼국사기』에 대한 유쾌한 도발이 아닐 수 없다.

다양한 역사서를 인용해 단군을 기록하다

일연이 맨 먼저 인용한 책은 중국의 『위서』다. 『위서』는 중국 남북조시대에 쓰인 역사서로, 단군에 관한 기록을 담고 있다.

> "『위서』에 이렇게 말했다. 지금으로부터 2,000년 전에 단군왕검이 있어서 아사달에 도읍을 정하고 나라를 열어 조선朝鮮이라 불렀으니, 바로 요 임금과 같은 시기다(기원전 2333)."

여기서 '단기'가 나온다. 단기는 단군의 고조선 건국 연대를 기준으로 하는 기원으로, 기원전 2333년이다. 오늘날 예수의 탄생을 기준으로 기원전BC과 기원후AD를 나누는 것처럼, 우리 민족은 단군이 나라를 세운 기원전 2333년을 단기 1년으로 삼았다. 예를 들어 2021년은 단기 4354년이다.

일연은 단군과 고조선의 기록에 타당성을 더하기 위해 『삼국유사』에 『고기』(단군고기)의 내용을 인용했다. 고기는 단군 신화나 고조선의 개국 사실을 알려주는 책으로, 현존하는 가장 오래된 기록이다.

> "단군은 당뇨(요 임금)가 즉위한 지 50년이 되는 경인년에 평양성에 도읍하고 비로소 조선이라고 불렀다. 그는 1,500년간 백악산에서 나라를 다스렸다. 주나라 무왕이 즉위하던 기묘년(기원전 1122)에 기자箕子를 조선에 봉했다. 그래서 단군은 장당경으로 옮겼다가 그 후 아사달로 돌아와 숨어 살면서 산신이 되었는데 이때 나이가 1,908세였다."

여기서 일연은 공자의 '술이부작述而不作'의 정신을 철저히 지켰다. 술이부작이란 전해져 오는 옛것을 서술하기만 할 뿐, 새롭게 덧붙이는 글을 상상으로 짓지 않는다는 뜻이다. 즉, 선인의 업적을 설명하고 서술할 뿐, 새로운 부분을 만들어 첨가하지 않는 태도를 의미한다.

일연은 단군을 소개하면서 중국 남북조시대에 쓴 『위서』를 먼저 인용하고 나서 『고기』에 나오는 단군의 기원을 상세히 전했다. 예전

기록들을 소개하면서 그 의미를 되새길 뿐이지, 일연 자신의 생각이나 주장은 『삼국유사』에 담지 않았다. 즉, 단군 신화는 일연의 창작이 아니라 예부터 전해오던 기록을 인용한 것이다.

일연은 『위서』와 『고기』 등의 기록을 받아들여 삼국의 역사 이전에 살았던 우리 민족의 까마득한 역사까지 되살렸다. 반면 『삼국사기』를 쓴 김부식은 고대 문헌을 기초로 했으나, 유교적인 관점에서 서술한 부분이 상당히 많다. 김부식도 삼국의 역사를 쓰면서 『위서』나 『고기』에 담긴 단군의 기록을 보았을 것이다. 그러나 김부식은 단군의 이야기를 괴력난신이라 여겨 『삼국사기』에 쓰지 않았다. 또한 김부식은 우리나라의 역사가 요나라 등 중국의 상고시대와 비슷한 시기에 시작되었다는 사실도 애써 무시했다. 김부식은 우리 민족이 상고시대에 펼친 민족사를 기록하지 않았고, 우리 민족의 시원을 기원전 57년으로 한정해 『삼국사기』를 썼다.

일연은 『삼국유사』에서 단군을 내세우기 위해 중국의 역사서를 인용하는 등 치밀한 설득 장치를 앞세웠다. 김부식은 『삼국사기』를 쓰면서 우리나라의 전통 자료와 문헌들을 무시하고 중국 자료에 전적으로 의존했다. 일연 또한 『위서』를 포함해 중국의 자료 27종을 인용했지만, 우리나라의 자료는 50종 넘게 인용했다.

일연은 『삼국유사』에 증거가 되는 다양한 역사서를 인용해 우리 역사의 영역을 상고시대까지 확대할 수 있었다. 이에 이어령은 『이어령의 삼국유사 이야기』에서 "일연이 『삼국유사』에 적은 단군 기록은 반 페이지도 안 되지만, 그 내용은 한국 영토의 수만 페이지처럼 여겨지는 상상력의 땅을 펼쳐 보이고 있다."라고 평했다. 여기서 '상상력의 땅'은 신화의 공간인데, 맨 먼저 나오는 땅의 이름은 아사달이다. 그 상상력의 땅에 우리의 '옷'을 입혀 문화적 자산으로 만드는 것은 오로지 후세들의 몫이다.

고대 그리스와 로마는 신과 영웅의 이야기를 통해 무한한 세계를 그려내고 있다. 그 신화의 세계는 바로 상상의 세계다. 하지만 우리는 그리스의 역사와 문화를 이야기할 때, 그리스 신들과 실제로 존재했는지 알 수 없는 수많은 인간 영웅들을 마치 역사적 인물처럼 생생하게 여기게 된다. 말하자면 『삼국유사』는 우리나라의 역사와 구전 문학이 모두 흘러든 호수라고 할 수 있다.

『삼국유사』와 『삼국사기』, 어떤 점이 다를까?

일연의 『삼국유사』와 김부식의 『삼국사기』는 모두 우리나라의 고대 역사를 기록한 역사서로 손꼽힌다. 하지만 두 역사서는 몇 가지 큰 차이점이 있다.

『삼국사기』가 삼국의 흥망에 관한 역사서라면, 『삼국유사』는 고조선시대부터 삼국시대 말까지의 역사를 다루고 있다. 『삼국사기』는 12세기 중엽 유교 사상가인 김부식과 보조원 여덟 명이 쓴 역사서로 여러 사관에 따라 이루어진 정사正史다. 문헌을 바탕으로 정치사를 총괄한 이 역사서는 그 틀과 문장이 체계적이고 정돈되어 있다.

반면 『삼국유사』는 승려인 일연 혼자 쓴 역사서다. 일연의 『삼국유사』는 『삼국사기』를 전제하고 썼기 때문에 『삼국사기』에서 다루어지지 않은 것들을 기록할 수 있었다. 이때 설화를 자료로 취한 덕분에 역사의 지평을 더욱 넓힐 수 있었다. 김부식이 다루지 않았던 불교적인 신앙과 고승의 이야기, 사찰과 불상, 석탑에 관한 기록을 함께 남겼다. 유교적 관점에서는 배제되었던 당시의 불교적 전통을 생생하게 전했다. 『삼국사기』에서 제외된 신라의 각 왕들에 관한 설화를 많이 다루고 있어 『삼국사기』를 보충하는 역사서라 할 수 있다.

사전적인 용어로 보면 정통적인 역사 체계에 따라 서술한 역사나 그 기록을 정사正史라 하고, 민간에서 사사로이 기록한 역사를 야사野史라고 한다. 역사는 사실을 근거로 기술하는 것이기 때문에 야사는 역사서로의 가치가 떨어진다고 생각할 수도 있지만, 『삼국유사』에 이런 기준을 적용하면 곤란하다. 일연의 『삼국유사』는 고대의 일화를 그대로 실어 한국의 고대사를 원형에 가깝게 전하고 있기 때문이다.

그렇다고 해서 『삼국사기』를 빼놓고 『삼국유사』만으로 한국의 역사를 알 수는 없다. 한국의 고대사를 제대로 이해하려면 두 역사서를 함께 읽어야 한다. 따라서 두 역사서 모두 우리 민족의 문화적 성격을 전해 주는 고전이라 할 수 있다. 두 고전의 성격을 제대로 이해하고 또 새롭게 해석할 때, 새로운 문화의 창조에 기여할 수 있을 것이다.

『삼국유사』는 오늘날까지 그 성격에 관해 의견이 분분하다. 역사서인가, 야사집인가, 아니면 불교서인가 하는 문제가 제기되어 왔지만, 아직도 결론은 내려지지 않았다. 『삼국유사』의 역자인 김원중은 삼국유사를 역사서, 불교 문화서, 야사 등으로 볼 수 있다고 했다. 그리고 원로 국문학자 조동일은 '대안사서代案史書'라고 부를 수 있다고 주장했다.

먼저 전통적인 입장에서 역사서라는 견해를 보자. 『삼국유사』는 80퍼센트 정도가 신라의 역사에 대한 기록이다. 경상도 경산 출신인 일연은 '신라유사'라고 해도 될 만큼 신라의 자료를 지나치게 많이 인용했다. 그러나 『삼국유사』가 『삼국사기』를 보완하는 역사의 기록이라는 것은 틀림없는 사실이다.

『삼국유사』가 불교 문화서라는 견해도 있다. 『삼국유사』는 지은 이도 승려이고, 불교를 소재로 하거나 불교를 중심으로 한 작품을 서술한 것이 적지 않다. 권1, 권2를 제외하면 불교 설화나 전설 등이 대부분을 차지하고 있다.

한편, 『삼국유사』는 야담과 설화의 모음집이자 소중한 문학서이자 인문서라고 볼 수 있다. 육당 최남선은 『삼국유사』의 가치에 대해 "한국 고대사의 최고 원천이며 백과전림이다."라고 극찬했다.

그 밖에도 '대안사서代案史書'라고 부르자는 주장은 조동일에게서 나왔다. 동아시아에서는 역사서·고승전·설화집이 각기 그 나름대로의 특징을 갖고 있다. 『삼국유사』는 그 셋을 합쳐 놓은 책으로 그 셋이 각기 지닌 한계를 넘어섰으며, 이를 통해 새로운 인식과 사고를 열었다는 것이다.

『삼국유사』
깊이 읽기

1. 향가14수를 전한 보물

　『삼국유사』는 정사가 담지 못한 문학 작품들을 수록하고 있다. 특히 향가는 『삼국유사』에 기록되지 않았다면 역사의 뒤안길로 사라졌을지도 모른다. 향가는 중국의 한시에 대한 우리의 노래라는 뜻으로, 신라 때부터 고려 초기까지 쓰였던 향찰로 표기한 우리 고유의 시가다. 향찰은 신라 때 한자의 음과 뜻을 빌려 국어 문장 전체를 적은 표기법으로, 한글이 없던 시절에 한자를 우리말에 맞게 사용한 것이다.

향가는 입에서 입으로 전해지다가 일연이 1281년에 지은 『삼국유사』에 기록되어 오늘날까지 이어질 수 있었다. 『삼국유사』가 향가의 구세주인 셈이다. 오늘날 향가는 『삼국유사』에 14수, 『균여전』에 11수 등 총 25수가 전해진다. 형식적으로 향가의 특성을 많이 띤 고려의 〈정과정곡〉까지 향가에 포함한다면, 향가는 12세기까지 지속되며 우리나라 고대 가요의 중심을 이룬 문학사의 한 줄기인 셈이다.

현재 전해지는 향가로는 〈서동요〉가 가장 오래되었다. 전해지는 향가 중에서 가장 연대가 늦은 작품인 〈처용가〉는 지금까지 풍습으로도 남아 있다. 신라 49대 헌강왕 때(897년)의 노래로, 이 시기는 신라의 국운이 쇠퇴하는 혼란기에 해당한다. 역사적으로 혼란기에는 기존의 가치관과 도덕 관념이 타락하는 시기다.

처용은 동해 용왕의 일곱 아들 중 한 명으로, 헌강왕이 개운포에 놀러 갔다 서라벌로 데리고 와서 미녀를 아내로 삼게 하고 벼슬을 내린 인물이다. 〈처용가〉는 처용이 어느 날 밤늦게 집에 돌아와 보니 역신이 그의 아내를 범했는데 어찌할 수 없다는 내용이다.

서울 달 밝은 밤에
밤이 늦도록 놀고 지내다가
들어와 잠자리를 보니

다리가 넷이로구나.

둘은 아내의 것이지만

둘은 누구의 것인가?

본래 내 것이다마는 빼앗긴 것을 어찌하리오.

처용이 춤을 추며 물러나는 관용적인 태도를 보이자 역신이 처용 앞에 무릎을 꿇고서, "내가 공의 아내를 흠모해 잘못을 범했는데, 노하지 않으시니 감격하여 아름답게 여기는 바입니다. 이후로는 맹세코 공의 모습을 그린 그림만 보아도 그 집에 들어가지 않겠습니다." 라고 말하며 물러갔다고 한다.

처용이 관용을 보이자 감동한 역신이 물러가는 이 장면 때문에, 가정에서 사악한 귀신을 쫓고 경사로운 일을 맞이할 때(이를 '벽사진경' 이라 함) 처용의 가면을 대문에 걸어두는 풍습이 생겨났다.

2. 덕치주의를 상징하는 곰

이어령은 『삼국유사』에 우리 민족의 원형이 담겨 있으며, 단군에 나오는 곰은 한국인의 '마음의 기호'라고 주장했다. 한국에서 산신의 화신은 곰이 아니라 호랑이다. 지명을 보면 웅진(한때 백제의 수도였던 공주의 옛 이름), 웅치(전남 장흥군과 화순군 사이에 걸쳐 있는 고개), 웅천(충남 논산 지역에서 발원하여 흐르는 지방 하천) 등 호랑이보다는 곰에게서 유래된 지명이 더 많다.

이 두 가지가 바로 우리의 가치관을 상징한다. 이어령은 호랑이는 현실적이고 외적인 힘의 상징이며, 곰은 이상적이고 내면적인 힘의 상징이라고 풀이한다. 호랑이는 조선에서 무관의 반열을 상징한다. 곰은 끈기와 참을성이 있는 인자忍者를 상징한다. 즉, 호랑이가 '영웅'이라면 곰은 '성자'라 할 수 있다.

이어령은 서양의 영웅은 호랑이 같은 영웅이고, 우리의 영웅은 곰과 같은 영웅이라고 강조했다. 동양의 곰은 호랑이와 대조되는 문화, 선비의 표상이 되었다. 여기서 곰은 선비의 문화를 상징하는 덕치주의, 호랑이는 힘을 앞세운 패권주의를 상징(원형)한다.

8

왜 꿈과 이상을 향해
행동해야 할까?

세르반테스, 『돈 키호테』

세르반테스가 창조한 소설 속 주인공 '돈 키호테'는 400년이 흐른 지금도 세상 사람들의 입에 친숙하게 오르내리는 인물이다. 17세기경 스페인의 시골 귀족이 한창 유행하던 기사 이야기에 너무 심취한 나머지, 정신 이상을 일으켜 자기 스스로 '돈 키호테'라고 이름을 붙인다. 그리고 그 마을에 사는 약간 둔하지만 수지타산에 밝은 소작인 산초 판사를 하인으로 데리고 여러 가지 모험을 겪는다.

돈 키호테는 '과대망상에 빠져 어이없는 소동을 일삼는 충동적 몽상가'로 회자되어 왔다. 그러나 한편으로는 꿈과 이상을 위해 도전을 멈추지 않는 불굴의 인간형으로 평가받았다. 마음속에 뜨거운 열정을 품고 있는 사람이라면 한 번쯤은 그처럼 살아보고 싶게 만드는 매력을 가진 인물이다.

스페인 국민들의 공허감을 달랜 소설

『돈 키호테』(1604)의 장엄한 이야기는 라 만차라는 스페인의 어느 시골 마을에서부터 시작한다. 그 마을에 사는 알론소 키하노는 쉰 가까운 나이의 시골 귀족이다. 마흔이 넘은 가정부랑 스무 살이 채 안 된 조카딸과 함께 살아가던 그는 언제부터인가 기사 소설에 탐닉한다.

그는 당대 유행하던 기사 소설에 너무 빠져든 나머지 좋아하던 사냥도 그만두고, 책을 사느라 경작지까지 모두 팔아치운다. 그리고 며칠이고 잠도 자지 않고 밤을 새워 책을 읽다가 소설 속 이야기들이 모두 현실이라고 믿기 시작한다. 결국 미쳐버린 그는 스스로 기사가 되어 세상을 떠돌아다니기로 마음먹는다.

그는 동네 주막의 매춘부들을 성에 사는 고귀한 귀부인들로, 도

둑이나 다름없는 주막 주인을 영주라고 생각한다. 그들에게 알아들을 수도 없는 온갖 고어와 미사여구를 사용해 일장 연설을 늘어놓은 뒤, 완전한 기사 작위를 받기 위해 밤새 우물가에서 자신의 갑옷을 지키는 임무를 행한다. 기사 소설에 대한 유쾌한 풍자도 그렇거니와, 그때껏 신성시되어 왔던 각종 종교 의식들과 봉건 사회의 계급 구조를 웃음거리로 삼은 것은 당시 유럽의 변화하는 현실을 나타낸다.

우리는 흔히 '돈 키호테' 하면 풍차로 돌진하는 모습을 떠올린다. 돈 키호테와 산초는 들판에 있는 수십 개의 풍차를 발견한다. 자신의 하인 산초가 거인이 아니라 풍차라고 거듭 지적해 주어도 돈 키호테는 "도망치지 마라. 이 비열한 겁쟁이들아."라며 돌진한다.

"운명이 우리가 기대했던 것보다 훨씬 더 좋은 길로 인도하는구나. 산초야, 서른 명이 좀 넘는 거인들이 있지 않으냐. 나는 저놈들과 싸워 모두 없앨 생각이다."

"거인이라니요?"

"저쪽에 보이는 팔이 긴 놈들 말이다."

"주인님, 저기 보이는 것은 거인이 아니라 풍차인데요."

"그건 네가 모험을 잘 몰라서 하는 소리다. 저놈들은 거인이야. 만약 무섭거든 저만큼 떨어져서 기도나 하고 있거라."

그는 풍차를 향해 당당하게 소리쳤다.

"도망치지 마라. 이 비열한 겁쟁이들아."

돈 키호테가 무작정 풍차로 달려드는 에피소드는 당시 스페인이 겪은 환멸과 현실 세계에서 무참하게 깨져 버린 환상을 상징한다. 거인을 향해 돌진하는 돈 키호테의 모습은 꿈을 잃어버린 이상주의자의 투쟁을 희화화한 것이다.

1492년 콜럼버스가 발견한 신대륙은 스페인에 막대한 부와 무한한 자신감을 가져다주었다. 승승장구하던 스페인은 유럽 통일을 꿈꾸었다. 그런데 1588년, 자국의 무적함대가 영국과의 해전에서 패배하면서 스페인은 총체적 위기에 접어들었다.

당시 스페인 국민들은 급속한 경제 발전으로 향락에 젖고 쾌락에 빠져들어 있었다. 그러던 와중에 스페인은 영국과 벌인 전쟁에서 참패했다. 충격을 받은 스페인 국민들은 공허감과 패배감에 사로잡혀 방황했다. 세르반테스는 이러한 혼돈과 방황의 시대를 『돈 키호테』에 담아냈다.

"산초야, 내가 이 철의 시대에 태어난 것은 황금의 시대, 소위 전성기를 되살리라는 하늘의 뜻이 있었기 때문이다."

당시 스페인은 무적함대로 상징되는 황금기를 지나 쇠락기에 접어들었다. 이러한 상황은 1997년 우리나라 외환위기IMF 이후를 떠올리면 쉽게 이해할 수 있다. 사람들이 냉혹한 현실 앞에 좌절하던 시기, 차마 꿈을 저버리지 못한 채 방황하며 살아가는 인간상이 바로 돈 키호테인 것이다.

어려운 시기에는 공허감을 달래줄 이야깃거리가 필요하다. 비록 그것이 돈 키호테와 같은 허황되고 과장된 몸짓일지라도 말이다. 어쩌면 세르반테스는 스페인의 전성기인 황금 시대를 되살리려는 의도로 『돈 키호테』를 썼을지도 모른다.

현실과 이상의 끊임없는 갈등

돈 키호테는 도탄에 빠진 세상을 구하고 부정과 비리를 바로잡으며, 가난하고 천대받는 자들을 도와주겠다는 다짐과 함께 긴 여정을 시작한다. 비록 망상에서 비롯된 다짐이었지만, 실제로 그는 약하고 상처받은 자에게는 부드럽고 겸손한 태도를 보인다. 그리고 악당처럼 보이는 상대를 마주할 때마다 불굴의 용기를 발휘한다.

돈 키호테 못지않게 흥미로운 인물은 같은 마을 농부인 산초 판사다. 어리석지만 입담 좋고 착한 그는 돈 키호테의 충직한 하인이 된다. 산초 판사는 섬 하나를 정복한 후 그 섬의 영주로 앉혀 주겠다는 돈 키호테의 약속에 솔깃한 나머지, 처자식을 남겨두고 험난한 모험의 길에 함께 나선다.

현실과 동떨어진 고매한 이상주의자인 주인 돈 키호테와 순박한 농사꾼이자 우직하고 욕심 있는 하인 산초 판사는 지극히 대조적인 모습으로 짝을 이룬다. 이러한 대조는 돈 키호테의 기사도 정신의 광기와 몽상을 더욱 돋보이게 만든다.

이들이 현실 세계와 충돌하며 빚어내는 여러 사건 사고들은 보는 사람들에게는 우스꽝스러우나, 정작 주인공 돈 키호테에게는 비통한 실패와 패배를 맛보게 한다. 이처럼 가혹한 실패를 맛보아도 그의 용기와 의지는 조금도 꺾이지 않는다.

흔히 현실주의자 혹은 물질주의자들은 눈으로 보고 확인한 것만 믿고, 이상주의자들은 이상과 꿈을 현실로 믿는다. 『돈 키호테』에서 벌어지는 사건들은 그런 점에서 시사하는 바가 많다. 돈 키호테의 우스꽝스러운 투쟁은 눈앞의 현상만을 믿는 현실주의, 물질주의에 대한 싸움이라고 할 수 있다. 참다운 인간은 보이지 않는 신을 믿듯, 눈에 보이지 않는 양심과 사랑, 이상, 꿈을 믿어야 한다는 것이다.

그러나 17세기 초 스페인 사람들은 물질만능주의에 빠져 있었다.

일상의 타성과 관습에 젖어 편안한 생활의 굴레에서 한 발자국도 벗어나지 못했고, 그저 보는 대로 행동하고 주어진 대로 먹고 살았다. 그런 고정관념의 굴레를 분연히 떨치고 나선 시골 양반이 돈 키호테였다. 쉰이 넘은 나이지만 사랑과 이상, 자유와 용기를 가르치러 창을 들고 나선 것이다.

돈 키호테는 곳곳에서 결투를 벌이는데 그때마다 죽도록 두들겨 맞는 신세에 처한다. 그렇지만 우스꽝스러운 행동을 멈추지 않는다. 그는 신부가 인도하는 장례 행렬을 억울하게 죽은 자의 시신을 탈취한 악당의 무리로 여겨, 신부에게 시신을 내놓으라며 생떼를 쓴다. 초원의 양떼를 적군의 행렬로 착각해 양들을 공격하다 목동들에게 흠씬 두들겨 맞는다. 어느 이발사의 면도용 대야를 빼앗고는 그게 진귀한 황금 투구라며 자신의 머리에 쓰고는 기쁨을 감추지 못하기도 한다.

'사악한 무리'를 무찌르기 위한 공격에서 어쩌다 재수 좋게 승리할 때도 있지만, 대부분 두들겨 맞는 등 수난을 당하기 일쑤다. 하루가 멀다 하고 일으키는 돈 키호테의 소동으로 산초 판사는 물론 늙은 말 로시난테, 그리고 산초의 당나귀도 함께 고초를 겪는다. 이런 모습은 방랑 기간 내내 반복된다. 이는 현실에서 이상주의가 패배하는 것을 비유한다.

갈비뼈가 부러지고 온몸 성한 곳 없이 다치더라도 모험을 포기하지 않는 강인한 돈 키호테지만, 마음 한켠에는 따뜻한 연민도 있다. 한번은 양떼를 제대로 지키지 않았다는 구실로 여러 달 밀린 품삯을 주지 않고 어린 하인을 학대하는 농부를 만난다. 돈 키호테는 농부를 크게 꾸짖으며 매질을 멈추게 하고, 밀린 품삯을 주겠다는 약속을 받아낸다. 연인에게 버림받은 어느 사내의 슬픈 사연을 들을 때는 자신의 일처럼 가슴 아파하며 위로를 건넨다.

돈 키호테의 기이한 모험은 서서히 세상 사람들에게 알려진다. 많은 이들은 그를 조롱한다. 하지만 세상과 인간에 대한 깊은 지혜와 이해심이 그의 광기 이면에 숨어 있음을 인정하는 이들도 생겨난다. 특히 하인 산초는 돈 키호테와 지내면서 점차 주인의 이상주의에 공감하고, 때때로 주인처럼 이상적으로 행동하기도 한다. 2권 말미에서 돈 키호테가 제정신을 되찾고 임종의 순간을 맞았을 때, 산초는 그의 용기를 북돋우며 이렇게 말한다.

"주인님, 죽으면 안 돼요. 저의 조언을 들으세요. 오래 사셔야 해요. 이 세상에서 인간이 행하는 가장 큰 광기는 스스로 삶을 포기하고 죽게 내버려두는 거예요."

산초는 끝내 자신의 소망대로 바라타리아 섬을 다스리게 된다. 그러나 돈 키호테는 무사 순례의 길을 멈추지 않았다. 보다 못한 그의 친구 카라스코가 기사로 변장해 돈 키호테에게 도전한다. 그리고 돈 키호테를 굴복시켜 앞으로 1년 동안 무기를 쥐지 않겠다는 약속을 받아낸다. 우울해진 돈 키호테는 병석에 눕게 되지만, 결국 이성을 되찾는다. 그는 자신의 과거에 대해 모든 사람에게 용서를 빌고, 친구들에게 자기의 재산을 골고루 분배해 준 뒤 경건한 마음으로 숨을 거둔다.

이상주의자 돈 키호테와 현실주의자 산초로 대변되는 평행선은 인간이 삶 속에서 겪는 끊임없는 갈등과 화합을 상징한다. 돈 키호테는 꿈을 좇다 이성을 되찾은 뒤 숨을 거두었고, 산초는 현실의 욕망을 실현하지만 결국 그의 주인을 응원한다. 이 두 사람이 겪는 갈등과 화합은 우리가 인생에서 부딪치는 크고 작은 현실과 이상의 대립을 의미하는 것이 아닐까? 이는 곧 무엇이 옳고 그르다고 판단할 겨를 없이 인생의 모험을 계속해야 하는 이유일 것이다.

'방랑 기사 돈 키호테'는 어떻게 탄생했을까?

『돈 키호테』는 '유럽 최초의 베스트셀러', '유럽 현대소설의 새로운 장을 연 작품'이라는 평가를 받고 있으며, 전 세계에서 성경 다음으로 가장 많은 언어로 번역된 불후의 명작이기도 하다. 『돈 키호테』가 이러한 극찬을 받는 이유는 무엇일까? 이 소설은 이상주의적 인물 돈 키호테와 현실주의적 인물 산초 판사를 통해 이상과 현실의 간극에서 고뇌하는 인간의 내면을 냉철하게 묘사한 것이 특징이다. 돈 키호테는 주위의 따가운 시선과 반복되는 실패에도 불구하고 자신의 뜻을 굽히지 않는 인물로 재평가받고 있다.

『돈 키호테』는 풍자 소설의 대표작으로도 손꼽히는데, 결코 단순한 익살이나 풍자로만 평가하기에는 아깝다. 프랑스의 한 비평가는 이 작품을 '인류의 책'이라 부르며 진정으로 인간을 그린 최초, 최고의 소설이라고 극찬했다. 돈 키호테가 사랑받는 이유는 허무맹랑할 정도로 천진난만한 모험심과 위기에 빠져서도 능청스럽게 상대방을 압도하는 익살이 아닐까 싶다. 돈 키호테는 그 어떤 위기 속에서도 결코 굴복하거나 타협하지 않는다.

『돈 키호테』는 작가 세르반테스가 독서광인 덕분에 탄생할 수 있었다. 소설 속 주인공인 시골 귀족은 당시 유행하던 방랑 기사 소설에 심취한 나머지, 스스로 이름을 돈 키호테라고 짓고 방랑 기사가 되어 모험에 나선다. 이러한 돈 키호테의 정체성은 당시 유행하던 편력 기사 소설의 주인공에 매료되어 형성된 것이다. 세르반테스가 당시 편력 기사의 이야기를 담은 소설을 읽지 않았다면 결코 돈 키호테라는 인물을 창조할 수 없었을 것이다.

그런데 당시 스페인에는 방랑 기사라는 제도가 실재하지도 않았다. 당시 기사 소설에서 개인적인 이상이나 사랑을 추구하는 방랑 기사 유형이 있었을 뿐이다. 실제로 중남미나 멕시코로 떠나는 모든 정복자들이 이처럼 자기 실현의 목표를 향해 나가 싸우는 무리였다고 한다.

세르반테스는 당시 우울과 절망에 빠진 스페인 국민들에게 자신의 소설이 우울증 치료제가 되길 바란 듯하다. 세르반테스 소설의 서문을 보면 그의 생각을 알 수 있다. 세르반테스는 그의 '마음속 친구'의 입을 빌어 다음과 같이 소설의 목표를 내비친다.

"그대의 글을 읽으면서 우울한 사람은 웃고, 잘 웃는 사람은 더 웃으며, 바보는 화내지 않고, 점잖은 사람은 기발함에 감탄하며, 심각한 사람은 경멸하지 않고, 진지한 사람도 칭찬하도록 해야 할 걸세."

돈 키호테를 따라 모험에 나서다 보면, 어느새 자신도 돈 키호테가 되어 그를 추종하게 된다. 도전 정신을 잃어버렸거나 삶이 회의적이라고 느낄 때 『돈 키호테』를 읽는다면, 그 어떤 명약보다 강력한 처방을 받고 삶의 의욕이 되살아나지 않을까 싶다.

지금 꿈을 상실했다면, 삶이 우울하다면 『돈 키호테』 읽기를 처방전으로 내려도 될성싶다. 사랑과 배신, 반전이 담긴 『돈 키호테』 속 액자 소설도 읽는 재미를 한결 더해줄 것이다.

『돈 키호테』
깊이 읽기

1. 인간의 본질을 꿰뚫은 작품

『돈 키호테』가 오늘날까지 최고의 소설로 손꼽히는 이유는 우리 인간에게 꿈을 심어 주기 때문이다. 비록 우리가 꾸는 꿈이 물거품으로 끝날지언정, 한순간이라도 꿈과 희망이 없다면 사람들은 삶의 의미를 잃어버릴 것이다. 『돈 키호테』의 위대함은 바로 여기에 있다.

꿈과 이상을 위해 모험하지만 끊임없이 좌절하고 실패하는 모습에서 우리는 실존하는 우리 자신의 모습을 발견하게 된다. 그러나 현실은 현실이기에, 우리 인간의 내면에는 산초와 같은 현실주의적인 모습도 존재한다. 꿈과 실제, 이상과 현실을 상징하는 돈 키호테와 산초는 바로 우리의 양면적 모습이자 실존인 것이다.

주인공 돈 키호테는 현실과 꿈과 이상을 구분할 줄 모르는 미치광이 영감이 아니다. 그는 자기가 기사 소설에 홀려 말도 안 되는 소리를 하고 있다는 것을 안다. 기사 소설 속 세상 같은 꿈과 이상에 푹 빠져 살고 있다는 것도 알고 있다. 그런 이상적인 세상에 대한 꿈을 저버릴 수 없기에, 고달픈 몸과 현실의 냉대를 감수하고 방황하며 투쟁하는 실존적 인간상이 바로 돈 키호테다.

2. 소설 속의 소설

『돈 키호테』는 돈 키호테와 산초 판사가 세 번의 방랑길에서 벌이는 모험담을 중심으로 하고 있다. 모험담의 단조로움을 의식한 것인지 세르반테스는 소설 속에 또 다른 소설, 즉 '액자 소설'을 일곱 개나 넣어 흥미를 높였다.

맨 먼저 나오는 액자 소설은 목동 그리소스토모와 미모의 산양치기 처녀 마르셀라의 이야기다. 마르셀라는 어린 나이에 부모를 잃고 거액의 유산을 물려받은 처녀인데, 눈부시게 아름답게 성장한 그녀의 모습에 수많은 남자들이 마음을 빼앗긴다. 하지만 그녀의 냉담한 모습은 그들을 극단적 선택으로 몰아넣기도 한다.

그리소스토모는 마르셀라 때문에 상사병으로 죽고 만다. 마르셀라는 그의 장례식장에 나타나, 혼자 살고 싶은 자신의 마음을 모두에게 알리고 자신을 비난하지 말아 달라고 당부한다.

> "제 잔혹함이 그를 죽였다고 하기에 앞서 그의 집착이 그를 죽였다고 하는 것이 맞을 겁니다. 저는 재산이 많기에 남의 재산을 탐내지 않습니다. 저는 자유로우며 구속당하고 싶지 않습니다. 어느 누구도 사랑하지도, 싫어하지도 않지요. 한 사람을 농락하고 다른 이의 마음을 유혹하지도 않았답니다. 이 마을의 양치기 여인들과 이야기를 나누며 산양을 돌보는 것이 제 기쁨이지요."

이 말을 하고 그녀는 깊은 숲속으로 사라진다. 돈 키호테는 산속으로 들어가 그녀를 지켜 주겠다고 결심한다. 세르반데스는 마르셀라를 당시 상실감에 빠져 있던 스페인 남성들을 위한 이상적인 여인으로 그린 것으로 보인다.

또 다른 에피소드 중 부자 카마초의 결혼식은 흥미로운 반전이 있는 이야기 속 이야기다. 마을 청년 바실리오는 키테리아와 같은 마을에 살면서 오랫동안 그녀를 열렬히 사랑했다. 하지만 키테리아의 부모님은 재주는 있으나 가난한 바실리오 대신, 부유한 카마초와 자신의 딸을 결혼시킨다.

카마초와 키테리아의 결혼식이 열리던 날, 사람들은 실연당한 바실리오가 그 결혼식에 오지 않을까 궁금해한다. 결혼식이 거행되는 도중 바실리오가 식장으로 뛰어들어 자살극을 꾸미고, 마지막 소원이라며 키테리아에게 결혼 서약을 해달라고 청한다.

결혼 서약이 끝나자 바실리오는 자신의 자살극이 연극이었음을 밝힌다. 카마초의 결혼식장이 복수의 아수라장으로 변하려는 순간, 돈 키호테가 나서서 하객들을 진정시킨다. 돈 키호테의 중재 덕분에 소동은 무사히 마무리된다.

바실리오와 키테리아는 돈 키호테를 집에 초대하고, 돈 키호테는 두 사람에게 진심 어린 조언을 남긴다. 돈 키호테는 젊은 남녀의 사랑을 이어주는 역할을 멋지게 수행한 것이다. 이는 당시 스페인 사회에 만연한 패배주의 속에서 남녀 간의 사랑이 상실감에 빠지지 않게 하려는 의도라고 볼 수 있다.

인문학은 과거를 돌아보고
미래를 내다보는 등불이다

　이탈리아의 작가 지오바니 보카치오가 쓴 소설 『데카메론』을 보면, 1348년 3월부터 7월까지 이탈리아 피렌체에서 10만여 명이 흑사병으로 죽었다는 이야기가 나온다. 보카치오는 『데카메론』의 서문에서 당시의 전염병 상황을 알렸는데, 피렌체에서 흑사병 유행이 끝나기까지 5년이 걸렸다고 한다.

　"그해 초봄, 흑사병이 무서운 전염성을 띠며 처참한 지경에 이르렀습니다. 사람들은 환자를 피하고 환자에게서 달아났으며, 그리하면 자신만은 살 수 있다는 잔인한 생각을 하게 됐습니다. 시민들은 서로 왕래를 피하고, 이웃은커녕 친척끼리도 찾아보는 일이 드물어졌습니다. 사람들의 공포심이 어찌나 컸던지 형이 아우를 버리고, 언니가 동생을 버렸을 뿐 아니라 아내가 남편을 버리기까지 했습니다. 믿기지 않는 이야기지만, 부모가 아이를 피하는 일까지 있었지요."

『데카메론』은 이러한 흑사병의 공포를 피해 일곱 명의 여성과 세 명의 남성이 피렌체 인근 별장에 모여 열흘 동안 100개의 이야기를 나누는 것이 골자다. 이 작품에서 보카치오는 당시 권력층인 수도사들의 성적 타락 등에 대해 가차 없이 비판하고 고발한다. 흑사병은 당시 권력의 중심지였던 중세의 수도사와 수도원 등의 종교적 비리와 부패가 드러나는 계기가 되었다. 이를 통해 중세 교회는 사회적으로 비판과 조롱의 대상이 되었다.

결국 흑사병은 중세의 신 중심에서 인간 중심으로 돌아가자는 르네상스를 불러왔다. 『데카메론』이 그리고 있듯이, 전염병의 공포는 다른 사람과의 교류를 차단하지만 반대로 친밀한 사람끼리의 관계를 돈독하게 한다. 그런 자리와 모임에서는 대개 사회적 부패와 비리, 권력에 대한 비판적인 이야기들이 오고 가기 마련이다.

한국을 비롯해 전 세계가 2020년 초부터 '코로나19'로 공포에 떨고 있다. 코로나19 사태는 14세기 중엽 피렌체가 그랬듯이, 우리 사회뿐만 아니라 각 국가의 치부가 드러나는 계기가 되지 않을까 싶다. 친구와 가족끼리 모여 이야기를 나누다 보면 국가와 사회가 코로나를 어떻게 대응하는지, 인간의 삶이 어떻게 파괴되고 생존권이 어떻게 위협받는지, 인권이 어떻게 유린당하는지 등에 대해 화제에 올리기 마련이다.

이처럼 코로나19로 시작된 성찰은 사회·경제·정치·문화 전반에 걸쳐 큰 변화를 몰고 올 것이 분명하다. 이스라엘의 역사학자 유발 하라리는 파이낸셜 타임즈Financial Times에 코로나19 바이러스 이후의 세계에 대해 아래와 같은 기고문을 쓴 바 있다.

"인류는 지금 글로벌 위기를 맞고 있다. 어쩌면 우리 세대가 겪고 있는 가장 큰 위기일지도 모른다. 지금부터 정부와 개인이 내리는 선택에 따라 앞으로의 세계가 결정될 수 있다. 보건에 국한된 이야기가 아니다. 이는 경제와 정치, 문화를 바꿀 것이다. 우리는 당면한 위협을 극복하는 것뿐만 아니라, 폭풍이 지나간 자리에 어떤 세상이 도래할 것인지도 생각해 보아야 한다. 폭풍은 결국 지나갈 것이고, 인류는 대부분 생존하겠지만, 우리가 사는 세계는 많이 달라질지도 모른다."

유례 없는 팬데믹으로 혼란을 겪는 오늘날, 우리는 어떻게 시대의 혜안을 구할 수 있을까? 펜데믹의 영향으로 지오바니 보카치오의 『데카메론』과 알베르 카뮈의 『페스트』와 같은 고전이 다시금 주목받고 있다. 막막한 상황 속에서 인류가 나아가야 할 해답을 제시해 주는 등불은 다름아닌 '인문학'임을 알 수 있다. 『데카메론』과 같이 전염병을 다룬 과거의 책들을 읽고 비교한다면, 이후 사회가 어떻게 변화할 것인지 예견해 볼 수도 있다.

코로나19는 비극적인 재앙이지만, 한편으로는 미래 세대가 새로운 꿈과 목표를 세우는 기회가 될 수 있다. 빌 게이츠는 미래에 바이러스의 창궐을 예측하고 거액을 기부하면서 지구의 재앙을 예방하는 데 심혈을 기울여 왔다. 빌 게이츠가 바이러스와 같은 문제에 한 발 앞서 관심을 기울이고 거액을 기부할 수 있었던 것은 인문학적 관점에서 비롯되었다. 게이츠처럼 독서를 습관화하면 과거 인간이 저지른 잘못과 시행착오를 되돌아볼 수 있고, 미래 시대에 필요한 혜안을 얻을 수 있다.

인문학은 변화하는 시대에 대비하고 꿈과 목표를 세우며 다른 사람들과 더욱 나은 세상을 만들어나가기 위해 꼭 필요한 학문이다. 인문학을 친구처럼 가까이하면서 미래 경쟁력을 키운다면 훗날 자신이 생각하는 것보다 더 훌륭한 인재가 되어 있을 것이다.

참고문헌 ─────────────────────────────

[도서]

2부

1 정의를 택하는 것은 이득이 될까?

플라톤, 『국가론』, 최현 옮김, 집문당, 1997.

2 행복해지는 방법은 무엇일까?

아리스토텔레스, 『니코마코스 윤리학/정치학/시학』, 손명현 옮김, 동서문화사, 2007.

3 살아가는 데 국가가 왜 필요할까?

김용환, 『리바이어던』, 살림, 2005.

토마스 홉스, 『리바이어던』, 최공웅·최진원 옮김, 동서문화사, 2012.

4 자본주의는 어떻게 세상을 움직일까?

애덤 스미스, 『국부론』, 김수행 옮김, 비봉출판사, 2007.

애덤 스미스, 『국부론』, 유인호 옮김, 동서문화사, 2012.

애덤 스미스, 『도덕감정론』, 박세일·민경국 옮김, 비봉출판사, 2009.

5 인간과 문화를 어떻게 이해할까?

에우리피데스, 『그리스 비극 2』, 여석기 외 옮김, 현암사, 1999.

헤시오도스, 『신통기』. 김원익 옮김, 민음사, 2003.

6 리더는 어떤 자질을 지녀야 할까?

김영환·임지현, 『서양의 지적 운동 1』, 지식산업사, 1994.

강정인·엄관용, 『군주론』, 살림, 2005.

마키아벨리, 『군주론』, 김경희·정인 옮김, 까치, 1994.

7 역사를 어떻게 바라보아야 할까?

김은정·류대곤, 『청소년을 위한 한국고전문학사』, 두리미디어, 2009.

이어령, 『이어령의 삼국유사 이야기』, 서정시학, 2006.

일연, 『삼국유사』, 김원중 옮김, 민음사, 2008.

일연, 『삼국유사』, 이가원·허경진 옮김, 한길사, 2006.

일연, 『삼국유사』, 고운기 옮김, 홍익출판사, 2001.

8 왜 꿈과 이상을 향해 행동해야 할까?

미겔 데 세르반테스, 『돈 키호테』, 박철 옮김, 시공사, 2004.

민용태, 『돈 키호테, 열린소설』, 고려대학교출판부, 2009.

맺음말

지오바니 보카치오, 『데카메론』, 장지연 옮김, 서해문집, 2007.

[논문]

2부

1 정의를 택하는 것은 이득이 될까?

김인, 교육과 올바른 삶: 국가론의 관점, 도덕교육연구, 18권1호.

황필호, 플라톤은 왜 시인을 추방했는가-국가론을 중심으로, 교육철학 제12-1호.

5 인간과 문화를 어떻게 이해할까?

이영희, 신화에 나타난 폭력의 문제-그리스 신화를 중심으로, 헤세연구 제28집.

홍은숙, 그리스 신화와 그리스 비극; 디오니소스와 바쿠스의 여신도들, 고전르네상스영문학, 제15권 2호.

청소년에게 알려주는
인문학 미래 경쟁력

초판 1쇄 인쇄 2021년 8월 25일
초판 1쇄 발행 2021년 9월 3일

지은이 최효찬
펴낸이 김종길 **펴낸 곳** 글담출판사 **브랜드** 글담출판

기획편집 이은지 · 이경숙 · 김보라 · 김윤아 · 안수영 **영업** 김상윤
디자인 엄재선 · 박윤희 **마케팅** 정미진 · 김민지 **관리** 박지웅

출판등록 1998년 12월 30일 제2013-000314호
주소 (04029) 서울시 마포구 월드컵로 8길 41 (서교동 483-9)
전화 (02) 998-7030 **팩스** (02) 998-7924
페이스북 www.facebook.com/geuldam4u **인스타그램** geuldam
블로그 blog.naver.com/geuldam4u

ISBN 979-11-91309-11-9 (43190)

* 책값은 뒤표지에 있습니다.
* 잘못된 책은 구입하신 곳에서 바꾸어 드립니다.

만든 사람들 ───────────
책임편집 안수영 **표지디자인** 엄재선 **본문디자인** 박윤희 **교정교열** 윤혜숙

글담출판에서는 참신한 발상, 따뜻한 시선을 가진 원고를 기다리고 있습니다.
원고는 글담출판 블로그와 이메일을 이용해 보내주세요. 여러분의 소중한 경험과 지식을 나누세요.
블로그 http://blog.naver.com/geuldam4u **이메일** geuldam4u@naver.com